동티모르 사회적기업 피스커피 이야기

한 잔의 커피, 한 잔의 평화

경희대학교 국제개발협력연구센터 지음

이 책의 발간에 부쳐

남부원(한국YMCA전국연맹 사무총장)

한국YMCA전국연맹이 지난 2005년부터 황무지를 개간하는 마음으로 일구어온 동티모르 지역사회 개발지원사업이 금번 경희대학교 국제개발협력연구센터(센터장 손혁상 교수)의 노력에 힘입어 『한 잔의 커피, 한 잔의 평화』라는 제목의 책으로 이 세상에 나오게 되어 참 감사한 마음이다.

이 책은 표지의 왼쪽 상단에 키워드로 표현했듯이 "지역주민자립 국제개발 현장리포트"이다. 다시 말하면, 제1세계로부터 제3세계로의 일방향적인 원조(aid)가 아니라, 제3세계 지역의 주민들이 스스로 경제적·사회적으로 자립하여 온전한 인간과 공동체로 품위 있게 살아가도록 돕는다는 뜻에서, 그리고 '호혜'와 '수평적 파트너십' 정신으로 국가의 경계를 넘어 민과 민의 연대와 협력을 만들어가는 '개발협력(development cooperation)사업'이다. 지난 10년 동안 한국YMCA는 국제개발협력에 대한 이러한 원칙과 철학으로 동티모르 지역사회 개발지원사업을 여러 가지 어려움을 무릅쓰고 줄기차게 전개해왔다. 초기 투자비용을 포함한 재정적인 어려움은 물론, 공정무역을 통한 지역사회 개발지원사업에 대한 일부 구성원들의 몰이해 등 이 운동과제를 지속적으로 밀고 가는 데 숱한 어려움이 있었음을 고백하지 않을 수 없다.

다행히 지난 2012년 KOICA가 대학협력사업을 새로운 사업 모형으로 공모했을 때 경희대학교 국제개발협력연구센터의 손혁상 교수님이 기꺼이 우리의 프로젝트 파트너가 되어주었다. 두 기관의 만남과 파트너십은 동티모르 지역사회 개발협력사업을 질적으로 한 단계 도약시키는 중요한 계기가 되었다. 즉 한국YMCA전국연맹은 지난 8년 동안 축적한 제3세계 개발현장에서의 풍부한 경험과 함께 지역주민들과의 끈끈한 신뢰관계라는 사회적자본(social capital)을 가지고 있었고, 여기다 더해 국제개발협력연구센터가 학술적으로 이룩해놓은 이론적 자산이 잘 결합하여 이 사업의 프레

임워크와 콘텐츠를 강화함으로써 사업의 질적 도약을 이루어낼 수 있었다. 그 가운데서도 지역주민들의 역량을 체계적으로 강화하는 일과 더불어, 이른바 '가치사슬(Value chain)'의 프레임을 적용하여 부문별 사업들을 유기적으로 연결하여 각 사업영역 간 선순환고리를 형성함으로써 이 사업의 지속가능성을 확보한 것 등은 지난 2년간의 독보적인 성과임이 분명하다. 이 책의 각 장마다 다양하게 정리된 현장의 생생한 이야기들이 이러한 파트너십이 낳은 의미있고 괄목할 만한 산출물들을 잘 설명해주리라 믿어 의심치 않는다.

이제 오늘의 운동 성과와 이 책이 나오기까지 밤낮으로 애써주신 분들을 언급하지 않을 수 없다. 먼저 한국YMCA전국연맹과 기존에 진행되어온 이 운동의 지향성을 신뢰하여 우리의 제안을 흔쾌히 수락하고 2년간 프로젝트의 총괄책임자로 애써주신 국제개발협력연구센터의 손혁상 센터장께 깊은 감사를 드린다. 아울러 프로젝트 중간관리자를 맡은 한재광 책임연구원과 경희대학교 대학원생들께도 커다란 고마움을 전하고 싶다. 아울러 10년 전 이 프로젝트의 출발과 준비 과정에 크게 기여한 송진호 당시 연맹 지역협력국장과 초기 여러 어려움을 무릅쓰고 현장의 개척에 몸을 던졌던 이시바시 간사(현 오사카YMCA 국제사업국장)에게도 깊은 감사의 마음을 보낸다. 특별히 이번 프로젝트를 끝으로 동티모르의 저 산골 구석 외딴 활동현장, 사메군과 로뚜뚜 마을에서 지난 8년간 현장 활동가로 '공정무역을 통한 동티모르 지역사회 개발 협력지원 사업'을 열과 성을 다해 일군 한국YMCA전국연맹 양동화 간사에게도 존경과 고마움을 전하고 싶다. 아무쪼록 이 책자에 실린 다양한 개발협력 현장 이야기들이 최근 국제개발협력에 관심을 갖고 있는 많은 청년들에게 새로운 영감과 도전을 주는 좋은 길잡이로 다가가길 희망해본다. 점점 더 가속화되는 지구화 시대에 국가의 틀과 경계를 뛰어 넘어, 가난과 불평등과 소외가 있는 지구촌의 구석구석에 인간적 따스함과 삶의 희망을 전하고 또 함께 만들어가는 일은 이 시대를 뜻있게 살아가려는 우리 모두의 로망이자 책임이 아닐까.

들어가는 말

손혁상 (동티모르 피스커피 프로젝트 매니저,
경희대 공공대학원/국제개발협력연구센터)

경희대학교 국제개발협력연구센터가 동티모르 피스커피(Peace Coffee) 프로젝트에 참여하게 된 것은 2012년 4월 어느 날 한국YMCA전국연맹 송진호 당시 협력사무처장이 건 한 통의 전화로 시작됐다. 급히 만나자는 전화를 받고 동숭동 학림다방에 나가보니 남부원 연맹 사무총장, 송진호 처장, 이충재 기획협력실장 등 몇몇 간부들이 기다리고 있었다. 한국YMCA전국연맹이 2005년부터 동티모르에서 YMCA 건립 지원과 지역 개발사업을 해왔는데, 한국국제협력단(이하 KOICA)이 공모하는 대학협력사업에 국제개발협력센터를 파트너로 하고 싶다는 얘기였다. 나에게는 개인적으로 과분한 제안이었으나, 그동안 학술적으로 연구해온 내용이 실제 개도국 현지 사업에서 어떻게 도움이 되는지 알고 싶은 욕심이 있었고 연맹 활동가들의 진정성을 느끼게 되어 크게 고민하지 않고 합류하기로 결정하였다.

한국YMCA전국연맹의 동티모르 사업은 2004년 한국을 방문한 동티모르의 사나나 구스마오(Xanana Gusmao) 초대 대통령이 한국YMCA전국연맹에게 자국의 지역사회 개발 지원을 요청하면서 시작되었다. 동티모르는 400년간 포르투갈과 인도네시아의 식민 지배를 겪고 내전 끝에 2002년에 독립한 신생독립국으로 OECD 분류기준상 최빈국에 해당한다. 전체 인구의 72%가 거주하고 있는 농촌지역은 낮은 농업생산성과 높은 인구증가율, 사회서비스 및 기초인프라 부족 등의 문제를 겪고 있고, 수도 딜리(Dili)는 도시화의 진행에 따라 기초인프라 부족, 청년층의 실업률 상승 등 문제가 대두되고 있다. 2010년 기준 15세 이상 노동참여율은 전체 인구의 56%(남성 74%, 여성 38%)에 불과하다. 특히 지역사회 발전에 직접적으로 영향을 미칠 수 있는 커피산업은 가공기술이 뒤처지고 커피 작물 관리가 제대로 되지 않아 노동에 비해 수익이 저조한 상황이었다.

한국YMCA전국연맹은 동티모르의 지역사회 개발을 목적으로 순천YMCA에서 활동 중인 양동화 간사를 파견하였다. 초기에는 국제개발협력사업이라는 관점에서 출발한 것이 아니라 동티모르YMCA 설립 지원과 주민조직 운동의 일환으로 시작하였다. 여러 지역을 조사한 후 2005년 중부

산악지역인 사메(Same)를 사업 대상지로 선정하였다. 이 지역은 학교, 전기, 도로가 없었고 화폐소득도 전혀 없었다. 커피를 생산하고 있기는 했지만 3시간을 걸어가야 커피를 다른 물건과 물물교환 할 수 있었다. 농약과 비료를 살 수 있는 돈도 없어 자연스럽게 유기농 커피를 재배하고 있었다. 그러나 공정무역인증은 이 지역과는 거리가 먼 이야기였다. 화폐를 이용한 상거래 경험이 전혀 없으며, 따라서 최저임금이라는 개념도 적용할 수 없는 지역이었기 때문이다. 준비기간을 거쳐 지역의 유일한 소득원인 커피농사 관련 사업을 수행하기로 하고 2006년에 본격적으로 착수하게 되었다. 사업 초기에는 2개의 마을 공동 작업장, 2개의 생산자소그룹 가공장을 건립하여 운영하였고, 이후 KOICA, 사회복지공동모금회 등의 지원으로 농업기술 교육을 위한 묘목장 건립, 태양광 발전시설 설치, 모자보건 프로그램 실시, 중학교 및 도서관 건립 등 지역사회의 기초 인프라를 제공하였다. 특히 사업방식에 있어서 전통적인 경제 지원 형태가 아니라 공정무역사업 추진을 위해 지역 주민들과의 커뮤니티 조직 활동을 활발히 진행하고, 주민들 스스로 공동체의 문제를 해결할 수 있도록 역량강화사업을 동시에 진행하는 것을 강조하였다. 이를 통해 현지 주민들로부터 신뢰를 얻게 되었는데, 현지 주민들을 시혜적인 사업대상자가 아니라 발전을 실현하는 주체로 인식하는 사업의 기본 방향이 결정적인 역할을 하였다.

센터와 연맹 간의 파트너십 협약을 체결하고 2012년 6월 29일부터 7월 5일까지 사메 지역과 딜리에서 현지 사전조사를 실시하였다. 사전조사 결과 현지에서는 공정무역에 대한 이해가 여전히 부족하고 연맹의 지원에 크게 의존해온 현지 주민들의 인식 전환과 자립의지 강화, 신뢰감 형성, 주민 중심의 주체적 커피가공장 운영 등의 사업을 진행하는 데 많은 어려움이 있었으며, 동시에 국내에서는 NGO단체로서 동티모르 공정무역커피 판매사업을 진행하는 데 있어 전문성 부족으로 인한 마케팅 경영의 어려움이 있었다. 특히 2011년부터 현지에도 다국적기업의 진출로 인해 시장경쟁에 노출되어 이에 대한 문제점이 야기되고 있으나 대처 능력이 부족한 상태였다. 문제는 기존의 국내 공정무역활동들은 윤리적 소비운동의 관점만 너무 강조되면서 윤리적 생산운동, 윤리적 교역운동을 포함한 전 과정에 걸친 종합적 개발 접근에는 부족한 면이 있었다. 동시에 기존의 ODA 원조 모델로서는 현지 공동체 주민 참여와 자력화를 기반으로 한 지역공동체 주민조직화(community organizing) 사업의 틀은 형성할 수 있었으나, 진정한 의미의 '지속가능한 빈곤퇴치와 지역사회 개발모델'이 되기 위한 '지역경제 재생과 지역의 내발적 성장, 고용친화적 협동경제, 사회적 경제 생태계 구축을 통한 자립화 방안' 모색에 이르기에는 한계점이 노출되었다.

이러한 분석을 바탕으로 한국YMCA전국연맹과 경희대학교 국제개발협력연구센터는 향후 사업을 지역주민 자치제도 및 문제 해결 역량에 대한 믿음의 기반 위에서 수행하기로 결정했다. 이에 기존의 사업모델을 대폭 수정·보완하여 공정무역커피 생산과 판매를 연결하는 가치사슬에 기반하고, 특히 사회적기업과 주민조직운동을 핵심개념으로 하는 사업모델을 구성하였다. 2012년 9월부터 2014년 12월까지 약 27개월간 사메 지역의 로뚜뚜 마을과 가브라키 마을에서는 7개의 생산자소그룹을 추가로 조직하고 각 소그룹마다 가공장을 건립하였다. 또한 수도 딜리에서는 공정무역커피 사업을 전담하는 사회적기업 피스커피(Peace Coffee)를 설립하였다. 피스커피는 한국으로 커피를 수출할 뿐만 아니라 그린빈 가공장을 세우고 동티모르에서 최초로 현지인을 위한 카페를 열어 현재까지 운영하고 있다.

피스커피 사업은 한국 개발NGO 사업에 주는 두 가지 중요한 의미를 가지고 있다고 생각한다. 우선 대학과 NGO와의 역할 분담과 파트너십을 통해 사업 효과성을 제고하는 모델을 제시하였다. 경희대학교 국제개발협력연구센터는 개발사업의 연구, 평가, 수행 경험을 통해 축적된 사업 성과관리 및 평가에 대한 개발 컨설팅 역량을 가지고 있었고, 연맹은 현지 상황에 대한 정확한 이해와 주민들의 신뢰를 확보하고 있었다. 이에 한국YMCA전국연맹은 사업을 더욱 효과적으로 수행하고자 경희대 국제개발협력연구센터에 요청해 양 기관은 파트너십을 맺었다.

국제개발협력연구센터에서는 사업

기획, 타당성 조사, 평가 프레임워크 구성, 평가 실행, 정기적인 사업 모니터링, 파견인력 역량 강화 등을 담당하며, 한국 YMCA전국연맹에서는 KOICA 지원 예산 이외의 자체 사업자금을 부담하면서 현지에서의 오랜 활동 경험과 구축해온 네트워크를 기반으로 현지 사업을 주관하였다.

둘째, 아직 지속가능성이 확실히 자리 잡지는 않았지만 한국의 민간단체 개발협력사업으로는 현지 주민에게 사업을 이양하고 주민들이 외부 지원 없이 자립적으로 운영하는 출구전략을 실시한 보기 드문 사례이다. 주민들의 사업 참여를 통해 지역경제 활성화, 일자리 창출, 공정무역운동 확산, 사회서비스 제공 등의 효과를 기대하고 있다. 먼저, 커피생산지인 사메 지역에서는 커피가공능력, 품질관리능력 향상과 지역사회 개발에 기여할 수 있을 것으로 보인다. 딜리시에서는 취약계층의 고용 창출과 커피 내수시장 형성을 기대하고 있다. 또한 카페를 통해 청년들의 문화 활동을 지원하고 취약계층의 사회 참여가 높아지고 공정무역 캠페인 활동이 활발히 이루어지길 기대한다. 향후 사회적기업 피스커피가 지속가능한 성장을 유지할 것인지는 예의 주시하며 지켜봐야 하겠지만 국제시장의 커피원두 가격이 급락하지 않는다면 가능하다는 판단이다.

이 책은 그동안 동티모르 사업에 참여한 한국 YMCA전국연맹과 경희대학교 활동가들의 뜻있는 기록이다. 처음에는 사업보고서를 잘 만들어보자는 뜻으로 시작했지만, 보고서를 읽어본 분들이 책으로 펴내 국제개발협력에 참여하고 있거나 준비하고 있는 분들에게 조금이나마 도움이 되도록 하는 것이 좋겠다는 의견을 주셔서 크게 용기를 내어 책으로 출판하게 되었다. 책의 구성이나 활동가들이 직접 쓴 세련되지 못한 글 같은 부족함이 보이겠지만, 지난 2년 반 동안 묵묵히 자기가 맡은 일을 기대 이상으로 해준 우리 팀원들에게 더없는 찬사와 존경을 표한다. 그들이 자랑스럽다.

동티모르 사업이 마무리되기까지 많은 도움을 준 KOICA 민관협력실과 KOICA 동티모르 사무소 현진주 전 소장을 비롯한 직원들에게 깊은 감사를 드린다. 한국에서 물심양면으로 지원해주신 한국YMCA전국연맹의 남부원 사무총장님과 서울 피스커피 조여호 대표, 현지에서 바리스타 및 로스팅 교육에 수고해준 피스커피 정창효 차장 및 현장에서 발로 뛰며 누구보다 애쓴 우리 팀원들, YMCA 김기연, 양예림, 김승창 간사, 경희대학교 공공대학원 박종남, 한현랑, 정동주, 서민정, 최승진, 허그림 모두에게 다시 한 번 감사의 인사를 표한다. 또한 지금 이 순간도 마을주민들과 함께 구슬땀 흘리며 일하고 있는 동티모르YMCA 오라시오(Orasio) 전 총장을 비롯한 조디(Jody), 프란시스코(Fransisco), 마르셀로(Marcelo), 아마데우(Amadeu), 아마리오(Amario) 간사, 카페 피스커피의 매니저 엘씨(Ersy) 외의 동티모르 사회적기업 피스커피 직원들에게도 따뜻한 감사의 마음을 전하고, 마지막으로 같은 팀원이자 동지애를 느끼는 양동화 간사와 한재광 박사의 열정과 노력에 깊은 존경심을 표한다.

차례

124
Banda Sea
Pulau
Kombe
INDONESIA
8
Kelabahi
Pulau Alor
Moru
Pulau
Adonara
Flores
Waiwerang
Larantuka
Pulau
Solor
Pulau
Lomblen
Pulau
Pantar
Ombai Strait
Atapupu
Savu Sea
Pante
Makasar
Oecussi
(Ambeno)
INDONESIA
Benain
Soe

01

본디아! 동티모르

INDONESIA
Pulau Romang
Laliki
Ilpokil
Pulau Wetar
Wetar Strait
Pulau Atauro
Atauro
(EAST TIMOR)
Baucau
Manatuto
Dili
Venilale
Ossu
Laclo
Laclubar
Lacluta
Viqueque
Aileu
Maubisse
Fatuberlio
Same
Ainaro
Bobonaro
Suai
Timor Sea
Timor

악어섬 '동티모르'

늦은 비행기로

발리에 도착해 잠을 잔 듯 만 듯 하고, 하루에 한 편뿐이라는 딜리행 비행기로 다시 두어 시간. 남태평양의 크고 작은 섬들이 눈에 들어올 때쯤 비행기는 급강하 하며, 자그마한 섬의 자그마한 공항에 착륙하였다. 비행기에서 내리자마자 후텁지근한 바람이 온몸을 감싸며 이곳이 바로 남태평양의 티모르 섬이라는 것을 알려주었다. 하루하고도 반나절의 여정에도 불구하고, 첫 눈에 들어온 구름 한 점 없는 높고 푸른 하늘과 초록빛의 야자나무는 힘든 여정을 잊기에 충분한 경치였다.

인도네시아 발리 섬과 호주 사이에 위치한 아시아 최남단의 섬나라. 섬 모양이 악어를 닮아 '악어섬'이라고도 불리는 곳. 개발되지 않은 천혜의 자연환경을 가진 곳임에도 불구하고 동티모르는 아직까지 많은 사람들에게 낯선 나라이다. 이 멀고도 가난한 나라에 관심은 가지는 이들이 얼마나 될까.

〈사진1-1〉 동티모르와 주변국

티모르 섬의 동부 지역을 차지하고 있는 동티모르의 국토 면적은 우리나라 강원도 크기이고, 그마저도 대부분 험준한 산악지대로 이루어져 있다. 척박한 땅에 약 120만 명의 인구가 살고 있다. 2002년 신생독립국이 된 동티모르는 식민지의 아픔을 두 번이나 겪었다. 450년 간 지속된 포르투갈의 오랜 식민 통치에서 벗어나자마자 인도네시아로부터 무력 침공을 당했다. 오랜 식민지 생활

〈사진1-2〉 동티모르 지도

과 내란의 영향으로 인해 독립 후에도 사회적, 정치적 혼란이 계속되었으나, 국제적인 원조가 이어지고, 국가와 국민들의 사회 경제 발전에 대한 관심이 활발해지면서 점차 안정을 찾아가고 있다.

티모르 섬에 인접한 티모르 해의 원유와 가스 개발이 진행되면서 세계의 산업자본은 동티모르의 경제적 가치에 주목하고 있다.

티모르 해는 어족 자원이 풍부할 뿐만 아니라 세계에서 15번째로 큰 해저 유전과 가스 광구를 보유하고 있다. 동티모르는 2004년 이후 본격화된 티모르 해의 자원 개발과 해외원조의 투입이 증가로 인해 빠른 경제 성장을 달성하고 있다. 이에 따라 정부의 재정 수입이 크게 증가하여 인프라 구축, 사회서비스 등에 대한 투자 비중이 늘어나고 있다. 그러나 자원 개발에 의존적인 경제 구조가 형성되었고 석유 외 산업 발전이 취약하여 여전히 최빈국에 머물러 있으며, 동티모르 국민의 절반이 빈곤선 아래 분포해 있다. 70% 이상의 지역이 농업에 종사하고 있지만 상대적으로 농업의 생산성이 낮은 편이다. 또한 높은 인구증가율에 비해 지역의 사회서비스와 기초인프라가 부족하여 지역의 빈곤 개선에 어려움을 겪고 있다. 한편 수도 딜리를 중심으로 경제 성장이 이루어지자 도시로의 인구 이동, 청년층의 실업률 상승, 기초인프라 부족 등 사회 문제가 대두되고 있다.

포르투갈 식민지 시대에 포르투갈인들이 남기고 간 커피 작물은 동티모르의 주요 산업이 되었다. 석유를 제외하면 주요 수출품의 90%가 농산품이며 이중에서 커피가 대부분의 비중을 차지하고 있다. 2010년 동티모르 커피 수출액은 1598만 7천 달러로 전체 수출액 1639만 5천 달러의 97.5%에 해당하는 규모이다. 커피 산업은 가난한 농가의 소득원이 되고 운송과 가공 과정에서 계절적 고용을 창출하고 있다. 그러나 동티모르의 커피 산업은 최근 스타벅스와 제휴하고 USAID(U.S. Agency for Internation Development)의 지원을 받는 CCT(Cooperative Café Timor) 등의 다국적기업이 대부분이다. 이러한 기업들은 동티모르 커피 생산량의 70% 이상을 거래함으로써 거대 시장을 형성하고 있으며, 생산자를 고려하지 않는 일방인 가격을 책정하여 구매하고 있다. 커피 생산자들이 시장에서 소외되는 구조적 모순을 극복하기 위해 동티모르에서는 해외 NGO들이 공정무역운동을 진행하고 있다. 그러나 이들의 거래 규모는 동티모르 커피 생산량의 1% 정도로 다국적기업과의 경쟁에는 어려움이 있다.

동티모르의 사회적 경제는 협동조합 중심으로 형성되어 있다. 동티모르 정부는 협동조합 육성을 '2011~2030년 동티모르 국가 개발 계획'의 핵심 전략으로 설정하고, 협동조합을 적극적으로 지원하고 있다. 헌법 제138조와 협동조합법을 통해 협동조합의 법적 지위를 보장할 뿐 아니라, 경제개발부 산하에 협동조합 주무부서인 NDC(National Directorate for Cooperative)를 설치하여 운영 중이다. 생산설비, 생산수단 등을 제공하고, 협동조합의 역량강화를 위한 정책을 시행하고 있다. 2011년 9월 현재, 92개의 협동조합이 설립되어 활동 중이고, 1만 명 이상의 동티모르 국민이 협동조합에 조합원으로 참여하고 있다. 협동조합 중 51%는 금융 관련 협동조합이고 나머지는 생산 및 서비스 제공 목적으로 운영되고 있다. 사회적기업과 관련한 법적·제도적 지원이 없고 사회적기업이라는 명칭을 사용하지 않지만, 사실상의 사회적기업이거나 사회적기업으로 진화할 잠재력을 가진 조직은 활동 중이다.

이와 같이 UNDP(United Nations Development Programme)와 동티모르 경제개발부는 새천년개발목표(MDGs) 달성과 민간 부문 개발을 위해 협동조합 활성화를 추진한다고 볼 수 있다. 창의성과 혁신의 동력으로서 중소기업에 주목하고, 조합원의 복지 증진과 지역경제 활성화에 협동조합이 기여할 것을 기대하는 것이다.

아무도 가지 않는 산골마을, 사메

한국YMCA전국연맹이

주민조직, 역량강화 등 직접적인 개발 활동을 추진하고 있는 주요 사업대상지는 사메군의 로뚜뚜(Rotuto) 마을과 가브라키(Kablaki) 마을이다. 마누파히(Manufahi)도 사메군은 수도 딜리에서 남동쪽으로 120km 떨어진 곳에 위치한 13개 행정 도시 가운데 하나이다. 딜리에서 사메군으로 가기 위해서는 험준한 산악지대로 이루어져 있는 내륙을 지나야한다. 직선거리는 멀지 않지만, 공공인프라 부족으로 인해 산허리를 감은 구불구불 굽이진 국도를 따라 6시간 정도 자동차로 이동해야 한다. 게다가 아스팔트 포장도로는 잦은 유지, 보수에도 불구하고 지반이 약해 쉽게 무너져 크고 작은 포트홀(pot hole) 투성이다. 우리가 탄 차량이 도로 위 움푹 팬 웅덩이를 덜컹거리며 지날 때마다 엉덩이가 들썩인다.

반나절 이상 걸려 사메군에 도착하였다면, 가브라키 산 해발 800~1300m에 자리한 두 마을에 가기 위해서는 가브라키 마을까지는 자동차로 40분을 포장도로가 없는 로뚜뚜 마을까지는 차량으로 1시간 반 정도를 더 이동해야 한다. 이마저도 비가 많이 내리는 시기에는 차량으로 이동하는 것이 어려워 2시간을 보행으로 이동한다.

처음 이 사업을 시작할 때만 해도 가브라키에서 로뚜뚜까지 차량으로 이동하는 것은 거의 불가능하였다. 그래서 처음 한국YMCA전국연맹이 이 마을에서 활동하기 시작하였을 때에는, 가브라키에서 로뚜뚜까지 5~6시간에 이르는 굽이진 산길을 걸어서 로뚜뚜 마을에 도착하곤 하였다.

그렇다면, 교통 사정도 나쁘고 이동 시간도 많이 걸리는 지역을 사업대상지로 선정한 이유는 무엇일까? 대답은 간단하다. 아무도 가지 않는 곳이기 때문이다. 품질 좋은 커피 생산지임에도 불구하고 인프라 부족으로 접근이 어렵기 때문에 다국적기업이나 다른 NGO의 관심에서 소외되었다. 동티모르 정부가 마을에 커피가공기계를 지원하기도 하였지만, 주민들은 안정적인 커피 판로를 확보할 수 없어 큰 성과를 얻지 못하였다. 한국YMCA전국연맹이 들어오기 이전 로뚜뚜 마을 사람들은 레드체리를 팔기 위해 굽이굽이 험한 산길을 걸어서 2시간 이상 걸리는 사메 시장이나, 6시간 이상 걸리는 마우베시(Maubessie)군의 큰 장터에 커피를 지고 가야만 했다. 우리는 그냥 걸을 수도 없는 먼 거리를 그들은 오랜 시간 동안 커피 포대를 짊어지고 걸어야만 했다.

〈사진1-3〉 로뚜뚜 마을 (출처 : 안남용 작가)

가브라키 마을에 들어서면 동티모르 사람들의 소박하고 정감 있는 마음씨를 드러내듯이 아름다운 자연이 마을을 감싸며, 수천 년의 역사를 지닌 것 같은 아름드리나무들이 곳곳에서 마을을 지키고 있다. 또한 해발이 높은 로뚜뚜 마을은 맑은 청록빛 하늘과 맞닿

아 있어 때로는 마치 구름과 하늘 속을 걷고 있는 것처럼 느껴지곤 한다. 이렇듯 고즈넉한 산골 마을의 아름다운 풍경을 간직하고 있는 로뚜뚜와 가브라키에서는 약 500가구 6천 명이 작은 촌락을 이루며 살고 있다. 이곳 주민들은 오랜 시간동안 다른 지역과 거의 교류 없이 고립되어 지내왔기 때문에 마을 단위의 공동체와 촌장의 역할이 중요시되었다. 마을공동체의 지도자로서 중요한 의사결정을 하는 촌장과 전통적인 관습은 주민들의 삶에 직접적인 영향을 미친다. 또한 다른 아시아 국가들과 마찬가지로 남성 중심의 가부장 문화가 이곳에서도 그대로 나타나고 있어, 중대한 의사결정 및 주요 노동은 남성들이 대부분 도맡아 하고, 여성들은 가정 내 집안일과 커피 및 각종 농작물 재배하는 일에 손을 보태고 있다. 이러한 문화적 배경으로 인해 외국인 여성이 마을의 촌장들과 만나 사업을 설명하고 공동체 주민들을 참여시키기가 힘들었다. 사업 초기, 매우 보수적인 각 마을의 촌장들을 일일이 설득하고 의견을 조율하는 것은 쉽지 않았다. 또한 가난한 농민들의 사고 범주를 마을공동체에서 세계 무역시장으로 확장하도록 만드는 데도 오랜 시간이 걸렸다. 그러나 한국YMCA전국연맹은 오랜 시간 마을에서 활동하면서 지역사회의 깊은 신뢰를 얻었다.

"2009년에 싱가포르·미국 등의 거대 커피자본이 이곳 사메까지 들어와서는 돈을 더 줄 테니 콩을 팔라고 했죠. 이곳 커피가 워낙

명품이니까요. 실제로 가브라키 마을의 절반 정도는 거기에 넘어갔고요. 그런데 베드로 할아버지가 주민들에게 그러시는 거예요. 우리 세대만 생각해서는 안 되고 자손 세대까지 살아갈 수 있도록 긴 안목으로 봐야 한다. 오늘만 사는 것이 아니라고, 이 자본은 불안정하다고."

주민들은 대부분 고구마, 카사바 등과 같은 작물을 재배하여 그 작물들을 주식으로 삼는 자급자족 경제였기 때문에 소득을 창출하기 위한 경제 활동은 거의 하지 않았다. 그러나 사메군을 비롯한 동티모르 산지의 대부분은 포르투갈 식민지 시대에 전해진 아라비카종 커피가 많이 자라는 주요 생산지이다. 게다가 동티모르 커피의 가장 큰 특징은 아프리카나 남미의 커피 농장처럼 커피나무를 관리하지 않고, 원시자연림의 그늘에서 자생하는 야생 상태의 커피를 채집하는 것이다. 다시 말해, 농약과 비료를 사용하지 않고 풍부한 비와 바람과 햇살로 키워낸 최고급 자연농 커피이기 때문에 국제 커피시장에서도 가치를 인정받았다. 그 후 커피 재배는 농가의 주요 수입원이 되었다.

한국YMCA전국연맹이 마을에 들어가기 전에는 가구 단위로 커피를 재배하고 파치먼트(Parchment)[01] 형태로 가공을 할 수 없었다. 그나마 커피 열매를 판매하기 위해서는 사메 또는 마우베시 지역까지 커피 자루를 짊어지고 적게는 2시간, 많게는 6시간을 걸어가야

했기 때문에 건장한 청년이 없는 가구는 소득을 올리기 어려웠다. 한국YMCA전국연맹이 마을에서 커피 사업을 시작한 후에는 가브라키에 가공장을 만들어 농민들이 커피 체리를 가공장으로 가져와 그곳에서 판매를 할 수 있도록 하고, 그곳에서 농민들과 1차 가공을 하면서 농민들 스스로 품질 관리를 할 수 있는 능력을 키우고, 자립할 수 있는 기반을 만들어 나가기 시작하였다. 이후 점차적으로 발전하여 2012년부터는 소규모 마을 농민 10~15명으로 구성된 소그룹을 구성하여 자립적으로 운영 및 관리를 할 수 있도록 하였다. 협동을 통해 생산성을 높이고, 공정하고 안정적인 가격으로 파치먼트를 수매하는 한국YMCA전국연맹과의 계약을 통해 안정적인 커피 판로를 확보하였다.

---

01 사전적으로는 커피의 내과피를 가리키는데, 일반적으로 커피가공 과정 중 레드체리의 외과피를 한 겹 벗겨내고 세척 및 건조를 거친 상태를 의미한다.

124
Banda Sea
Pulau Kombe
INDONESIA
Kalabahi
Pulau Alor
Moru
Pulau Adonara
Flores
Waiwerang
Larantuka
Pulau Solor
Pulau Lomblen
Pulau Pantar
Ombai Strait
Atapupu
Savu Sea
Pante Makasar
Oecussi (Ambeno)
Kefamenanu
INDONESIA
Soe

02

커피를 부탁해

사전조사

해발 1004미터에서 첫걸음 떼기

사업팀은

본격적인 사업 착수에 앞서 현장조사팀을 동티모르에 파견해 현장조사를 실시하였다. 현장조사팀은 본 사업의 책임자인 경희대학교 국제개발협력연구센터의 손혁상 교수와 중간관리자인 한재광 객원연구위원 및 현장책임자인 한국YMCA전국연맹 동티모르 사무소장 양동화 간사로 구성되어 2012년 7월 27일부터 10박 11일의 일정으로 활동하였다. 현장조사팀은 동티모르 현지의 제도적 환경, 사업구성요소의 적절성, 사업수행주체의 역량, 사업대상지역의 경제 · 사회 · 문화적 환경 및 주민들의 의견 등 사업 성공에 영향을 미치는 직간접적 요인을 파악하였다. 또한 현장조사 과정에서 사업 관련 동티모르 중앙정부 부서 및 지역정부 관계자, 주동티모르 한국대사관, KOICA 사무소 및 유사한 사업을 수행하는 일본NGO를 방문해 사업 수행을 위한 협력네트워크를 마련하였으며, 향후 사업의 성과관리 계획을 구체화하기 위한 조사 작업도 병행하였다.

현장조사팀은 동티모르 수도 딜리에서 7월 27일부터 7월 31일

〈사진2-1〉 로뚜뚜 마을 인터뷰

까지 사업수행기관인 한국YMCA전국연맹 동티모르 사무소의 사업수행인력 및 동티모르YMCA 책임자, 사업 관련 정부기관인 동티모르 협동조합청, KOICA 동티모르 사무소 등을 방문해 사업수행에 관련된 환경을 파악할 수 있었다. 현장조사 1팀이자 현지에 대해 이해도가 높은 양동화 간사가 먼저 사업지역과 기관들을 방문해 사전조사를 실시했고 7월 31일 2팀 손혁상 교수와 한재광 위원이 합류하여 함께 사전조사를 시작하였다. 이후 8월 1일부터 2일까지 사업지인 사메군 및 로뚜뚜 마을을 방문해 현지 정부 인사 및 16명의 YMCA가공소 직원, 4명의 로뚜뚜 마을 지도자, 5명의 로뚜뚜 마을 커피 생산자소그룹 대표를 만나 사업의 현장수요와 수행환경 등 사업이 순조롭게 이해되기 위한 필수적인 제반 요건들을 조사하였다. 이후 현장조사팀은 딜리에 소재한 기관들을 방문 조사하였는데, 동티모르 협동조합청을 공식 방문해 협동조합 관련 동티모르 정부의 제도와 정책에 대해 구체적이고 실질적인 정보를 확인할 수 있었다. 그리고 주동티모르 한국대사관의 서경석 대사와 사업과 관련한 대화를 나누었고, 본 사업과 유사한 사업을 시행해온 일본NGO인 파르시크(PARCIC)의 대표인 이토 준코 씨와의 대화를 통해 지난 사업수행 경험에서 우리 사업에 적용할 수 있는 깊이있고 유의미한 정보를 얻을 수 있었다. 이후 현지조사 내용을 정리해 현지 직원들과 공유하고 사업의 주요 구성요소를 정리해 향후 사업수행 일정과 성과관리를 위한 지표를 설정하는 워크숍을 개최하였다.

〈사진2-2〉 로뚜뚜 마을 지도 그리기

〈사진2-3〉마을주민이 그린 로뚜뚜 지도

〈표2－1〉 현지조사팀 활동 일정 및 내용

일정	조사 내용	조사 방법	조사 내용
7.27	• 현장 출국(양동화 간사1팀)		
7.28	• 로뜨뜨 지역 소그룹 구성 상황 • 한국YMCA전국연맹 딜리사무소 사업수행 상황	• 현지 사전 방문조사 • 직원 간담회	• 4개 그룹 정상적으로 활동 • 정상적으로 작업 수행
7.30	• 동티모르 협동조합청의 활동 내용 • 2팀 현장 출국(손혁상교수, 한재광 객원연구위원)	• 방문 확인	• 정부 내 협동조합 담당기관 여부 확인
7.31	• KOICA 딜리 사무소 방문 • YMCA 사업 평가 및 동티모르 사업 환경 파악 • 동티모르YMCA의 사업 평가 및 수행역량 평가	• KOICA 소장 방문 인터뷰 • 동티모르YMCA사무총장 및 직원 대상 인터뷰	• 사업에 대한 긍정적 평가 및 향후 추진에 대한 조언 청취 • 사업 내용과 속도에 대한 제언 청취
8.1	• 사메군 레떼포호면 지도자의 YMCA 사업에 대한 평가 • 한국YMCA전국연맹의 로뜨뜨 사업에 대한 평가	• 면장 인터뷰 • 직원 인터뷰	• 사업에 대한 긍정적 평가 청취 • 현지 상황에 맞는 규모와 속도의 사업수행에 대한 제언
8.2	• 로뜨뜨 마을의 소그룹 가공장 운영에 대한 현황 평가 및 향후 사업수행에 대한 발전방안 모색 • 로뜨뜨 마을 지도자의 YMCA 사업 전반에 대한 평가 및 제언 • 로뜨뜨 마을 커피 소그룹에 대한 평가 및 제언	• 16명의 직원 참여 간담회 • 3명의 마을 촌장 및 1명의 원로 참여 간담회 및 1명의 마을 원로 대상 인터뷰 • 5명의 커피 생산자소그룹 대표 참여 간담회	• 신규 소그룹 수 등 향후 커피 소그룹에 운영에 대한 제언 청취 • 사업 전반에 대해 긍정적으로 평가함 • 향후 커피 소그룹 운영에 대해 실질적인 제안
8.4	• 동티모르 협동조합청 방문 현황 및 제도에 대한 의견 및 향후 협력방안 모색 • 주동티모르 한국대사관 방문, 사업 협조 요청 및 환경에 대한 내용 파악	• 정부 담당관료 방문 인터뷰 실시 • 대사관 방문 및 대사 접견	• 사업수행에 대한 만족도가 높음 • 정부의 정책과 제도 현황 및 의지 파악 • YMCA 사업에 대한 좋은 평가
8.5	• 일본 공정무역 NGO PARCIC 방문하여 사업환경 및 경험 파악, 향후 협력관계 모색	• 대표 인터뷰 실시	• 커피공정무역, 주민조직화, 협동조합 구성 및 운영에 대한 경험, 노하우 공유
8.6	• 현지 조사 결과 정리 및 향후 수행 방안 모색	• 현지조사 참여자 워크숍	• 향후 사업 추진방안 마련

시간의 가닥을 찾아서
- 문제분석

본 사업 기획 파트에서는

현지조사 내용을 바탕으로 현지의 주요 이해관계자를 소개하며 사업의 강점, 약점, 기회, 위협 그리고 위험요소를 분석한다. 이 과정을 거쳐 설정된 사업목적 및 이를 달성하기 위해 규정한 주요 사업구성요소를 소개 한다. 그리고 사업기획 단계에서 본 사업의 특성을 잘 나타내는 요소인 가치사슬(value chain)을 소개하고 아울러 효율적인 사업성과 관리를 위한 기법인 PDM(Project Design Matrix)와 변화이론(Theory of Change)를 소개한다.

1) 이해관계자 분석

사업팀은 현장조사 결과를 토대로 파악한 본 사업의 중요 이해관계자는 〈표2-2〉와 같이 정부 수준, 사업수행기관, 직접수혜자, 간접수혜자 및 기타 관계자로 구분할 수 있다. 먼저 정부 수준에서는 사업대상지인 동티모르 사메군 지역정부 관계자가 있다. 아가피토 다 코스타(Agapito da Costa)는 2007년 이래 본 사업의 오랜 지원자로서 본 사업에 대한 지역사회의 행정 및 안전 등을 책임지는 후원자 역할을 담당하고 있는 우호적인 인사이다. KOICA 민관협력부와 동티모르 사무소는 재정, 행정 지원 및 사업 모니터링과 평가를 담당하는 파트너이다.

본 사업의 사업수행기관으로는 한국YMCA전국연맹 동티모르 사무소와 동티모르YMCA 그리고 경희대학교 국제개발협력연구센터가 있다. 한국YMCA전국연맹 동티모르 사무소는 현장에서 사업을 실질적으로 실행하는 역할을 한다. 동티모르YMCA는 본 사업의 원활한 수행을 위해 동티모르 정부기관 및 사회단체들과의 교섭을 담당한다. 경희대학교 국제개발협력연구센터는 본 사업의 기획과 재정 지원, 행정 및 모니터링, 평가를 포함한 성과관리를 담당하며, 각종 보고서 작성 및 제출을 담당한다.

사업팀은 본 사업의 직접수혜자를 로뚜뚜 마을 YMCA커피가공소 직원, 로뚜뚜와 가브라키 마을의 커피 생산자소그룹 구성원과 사회적기업 피스커피의 직원들로 구분한다. 먼저 로뚜뚜 마을 YMCA커피가공소 직원들은 가공소 근무를 통해 커피가공기술을 습득하고 급여를 받아 소득이 증대되었다. 그리고 이들은 2014년 이후 구성된 생산자소그룹의 핵심인력이 되어 소그룹 가공소의 생산 활동을 통해 지속적인 소득증대를 이루고 지역사회 발전의 주체세력이 됐다. 본 사업을 통해 구성된 사회적기업 피스커피의 직원들도 사업의 직접적인 수혜자이다. 이들의 구성을 구체적으로 보면 수출 담당 직원, 그린빈 가공장 직원, 카페 피스커피 직원 등 3개 그룹으로 구분된다. 먼저 수출 담당 직원들은 커피 레드체리를 한국으로 수출하는 업무를 담당한다. 딜리시에 위치한 그린빈 가공장 직원들은 정규직 직원과 계절직 임시 피고용인으로 구성된다. 또한 딜리시에 위치한 카페 피스커피에서 근무하는 직원들은 커피와 식음료 제조 및 판매를 담당하고 있다. 이와 같은 사회적기업 피스커피의 다양한 기업 활동을 통해 직원들은 소득증대를 경험하고 담당 분야에서 관련 지식과 기술을 습득하고 있다.

또한, 본 사업의 간접수혜자를 로뚜뚜 및 가브라키 마을주민, 딜리 시민, 한국피스커피로 구분하였다. 로뚜뚜와 가브라키 마을의 주민들은 커피 생두를 팔기 위해 먼 거리를 가지 않아도 마을 내에 위치한 생산자소그룹 가공장와 거래해 더욱 쉽게 소득을 얻을 수 있다. 또한 딜리 시민들은 외국인을 위한 고가의 카페가 아닌 동티모르인의 경제 수준에서도 부담스럽지 않은 가격의 커피 및 식음료를 제공하는 문화공간을 즐기는 혜택을 얻을 수 있다. 그리고 한국의 사회적기업인 피스커피는 동티모르의 품질 좋은 커피원두를 안정적으로 공급받을 수 있다.

지금까지 논의한 직 · 간접수혜자 외에 기타 이해관계자로는 로뚜뚜 마을의 지도자들과 일본NGO인 파르시크가 있다. 로뚜뚜 마을의 지도자들은 본 사업의 오랜 지지자로써, 주민들이 마을의 전통적인 산업인 커피 재배에 적극적으로 종사할 수 있도록 지원하고 동시에 본 사업팀의 후원자 역할을 하고 있다. 동티모르에서 오랫동안 커피공정무역사업을 수행해온 파르시크는 그린빈 가공장에 커피그린빈을 위탁 가공하여 커피 수출에 필요한 물량을 확보하고 있다.

〈표2-2〉 사업의 주요 이해관계자

이해관계자		관계	향후 주요 고려사항
정부 수준	사메군 지역 정부 관계자 (아가피토 다 코스타)	• 현재의 사업에 대해 매우 호의적이며 향후 적극적인 지원과 협력 가능	• 사업 수행을 포함한 지역사회 내에서의 활동에 대한 지속적 지지를 할 수 있도록 관리가 필요함
	KOICA 동티모르 사무소	• 사업수행에 대한 행정적 • 지원 및 모니터링, 평가 · 수행	• 사무소장의 교체로 인해 사업에 대한 이해도 제고 필요함
	KOICA 본부 민관협력실	• 사업 수행에 대한 재정적 · 행정적 지원 및 평가 수행함	• 본 사업이 포함된 프로그램의 장기적 지속성에 대한 결정이 필요함
사업 수행 기관	한국YMCA전국연맹 동티모르 사무소	• 사업을 직접적으로 수행하는 주체임	• 사업 분야 및 행정, 성과관리 등에 대한 전문성 제고 노력 필요함
	동티모르YMCA	• 전반적인 사업수행의 중요한 파트너임	• 동티모르 사회 내에서 본 사업에 대한 공감대와 지지를 끌어내고 관련된 다양한 측면에서의 자원을 동원하는 역할이 중요함
	경희대학교 국제개발협력연구센터	• 사업 기획, 성과관리, 재정관리, 사업보고 및 KOICA 관련 업무를 담당함	• 사업수행 인력의 변동이 있어도 안정적으로 사업관리를 할 수 있어야 함

이해관계자			관계	향후 주요 고려사항
직접 수혜자	로뚜뚜 마을 YMCA커피가공장 직원*		• 소그룹 가공장 운영에 참여하는 주체세력이 됨	• 신규 소그룹 구성 및 가공소 설립 시 적극적인 역할을 담당함
직접 수혜자	로뚜뚜, 가브라키 마을 커피 생산자소그룹 구성원		• 소그룹 활동을 통해 직접적인 소득증대와 지역사회발전 과정에 직접 참여함	• 소그룹 확대 및 소그룹 간의 협력을 통한 발전에 적극적으로 기여 하도록 해야 함
직접 수혜자	사회적기업 피스커피	수출 담당 직원	• 수출업무를 통한 커피공정무역 사업을 담당함	• 수출 업무 전문성을 제고할 필요가 있음
직접 수혜자	사회적기업 피스커피	그린빈 가공장 직원	• 그린빈 가공시설에 정규직 직원과 계절직 임시피고용인이 근무함	• 그린빈 가공장의 기계설비 운영 및 위탁 가공기관과 본 사업의 그린빈 가공 일정 조정 등 운용의 효과성을 제고해야 함
직접 수혜자	사회적기업 피스커피	카페 피스커피 직원	• 카페 직원이 영업을 담당함	• 카페 운영 및 식음료제조 판매 등 영업 활동에 전문성과 안전성을 중요하게 고려해야 함
간접 수혜자	로뚜뚜, 가브라키 마을주민		• 생산자소그룹에 커피 생두를 판매해 소득증대를 이룸	• 생산자소그룹을 지지하거나 멤버로 참여할 수 있도록 안내하는 것이 필요함
간접 수혜자	딜리 시민		• 낮은 가격에 커피를 구입하고 문화공간을 경험함	• 지속적으로 카페를 활용 하고 주변에 홍보토록 안내하는 것 필요함
간접 수혜자	한국 피스커피		• 공정무역을 통해 안정적으로 동티모르산 커피원두를 공급받음	• 수입 규모를 확대하고, 한국사회에 본 사업을 적극적으로 홍보하는 것이 필요함
기타	로뚜뚜 지역 사회 지도자		• 현재 사업수행의 내용과 방식에 대해 매우 긍정적이고 호의적임	• 향후 사업 전반에 대한 자문 및 지역사회 지도가 가능함
기타	일본NGO 파르시크		• 사업 경험을 공유하고 조언하는 협력네트워크 핵심	• 정보 공유 이상의 더욱 적극적인 협력관계 형성 필요함

* 2013년에는 YMCA가공장에 16명의 직원이 근무했으나 2014년에는 이들이 새로 구성된 소그룹 가공장의 멤버로 활동함.

2) SWOT 분석

본 사업을 사업 내부의 강점(Strength), 약점(Weakness) 그리고 외부적인 기회(Opportunity)와 위협(Threat)을 중심으로 하는 SWOT 분석을 실시한 결과는 〈표 2-3〉과 같다.

● 강점

한국YMCA전국연맹 동티모르 사무소는 2005년 이후 사업 현장에서 교육과 보건 사업을 수행한 경험과 커피공정무역 관련 네트워크를 보유하고 있다. 그리고 8년간 꾸준한 활동 덕분에 지역 주민들의 시선이 믿음으로 바뀌고, 긍정적인 반응과 지지를 보이고 있다. 본 사업의 핵심인력인 양동화 간사는 오랜 시간 동안 지역 주민들과 함께 지내며 동티모르의 지역 문화에 대한 이해를 넓히고 현지 주민들의 언어인 테툼어를 원어민과 같이 능숙하게 구사한다. 또한 사업 파트너인 동티모르YMCA가 다양한 정부 및 민간 네트워크를 활용하여 사업의 추진에 도움을 주고 있다는 것도 강점으로 작용한다. 마지막으로 사업 주체인 경희대학교 국제개발협력연구센터가 개발NGO의 사업모니터링, 평가 및 사업 성과관리에 대한 지식과 경험을 가진 인력들을 보유하는 것도 강점이다.

● 약점

동티모르 현장에서 사업을 수행하는 한국YMCA전국연맹 동티모르 사무소의 현장 인력들이 개발사업의 모니터링과 평가 및 성과관리를 체계적으로 한 경험이 부족해 이를 제고할 필요가 있다. 또한 협동조합과 주민조직화, 커피공정무역, 사회적 경제 등을 주요 내용으로 하는 타사업의 사례를 통해 정보와 교훈을 얻고자 했으나 이러한 내용은 한국에서도 흔치 않아 결국 정보가 부족한 가운데 독자적으로 사업을 수행해야 한다는 어려움이 있다.

● 기회

국내외에서 사회적 경제 방식의 국제개발협력 사업에 대한 관심이 증대되고 있고, 사업에 재정적 지원을 하는 KOICA도 사회적 경제에 관심을 가지고 있으며 본 사업에 대한 긍정적인 이해가 있다. 또한 동티모르 정부는 3대 경제개혁 분야 중 하나로 협동조합 활성화를 지원하고 있어, 협동조합과 관련한 법적 · 제도적 기반이 조성되어 있는 것도 기회이다. UNDP와 동티모르 경제개발부가 새천년개발목표(MDGs) 달성과 민간 부문 개발을 위해 사회적기업 활성화를 추진하고 있는 것도 본 사업에 긍정적인 기회이다. 그리고 현지 사업지역에는 8년 이상 사업을 해온 한국YMCA전국연맹에 대한 우호적인 분위기가 형성되어 있다. 한국 사회에는 본 사업의 핵심인 공정무역커피에 대한 관심층이 형성되어 있다. 한국YMCA 전국연맹 동티모르 사무소가 2002년 마우베시 지역에서 커피공정무역을 시작하고 2008년까지 커피생산자 협동조합을 결성한 경험을 가지고 있는 일본NGO 파르시크와 우호적인 협력관계를 유지하고 있는 것도 좋은 기회이다.

● 위협

동티모르 전역에서 커피를 다량으로 구매하고 있는 다국적기업들의 활동은 사업지역 주민들이 본 사업에 대한 관심을 저버리게 할 수 있는 위협이 될 수 있다. 기후변화로 인해 커피 생산 일정이 지연되고 커피생산량에 변동이 있을 수 있는 것도 위협요소이다. 그리고 동티모르에는 본 사업의 핵심요소인 사회적기업에 대한 법적 · 제도적 개념과 규정이 부재한 것도 위협요소로 존재한다.

〈표2-3〉 SWOT 분석

강점(Strength)	약점(Weakness)
• 한국YMCA전국연맹 동티모르 사무소가 2005년 이후 사업 현장에서 사업을 수행한 경험과 네트워크 보유함 • 한국YMCA전국연맹 동티모르 사무소책임자가 현지어를 탁월하게 구사하고 현지 문화를 잘 이해함 • 동티모르YMCA가 풍성한 네트워크를 보유함 • 경희대학교 국제개발협력연구센터에 사업모니터링, 평가 및 사업 성과관리에 대한 지식과 경험을 가진 인력이 있음	• 한국YMCA전국연맹 동티모르 사무소의 현장 인력이 모니터링과 평가 및 성과관리 경험이 부족함 • 사업수행에 참고할 만한 유사한 사례를 한국에서 찾기 어려움
기회(Opportunity)	**위협(Threat)**
• 사회적 경제 방식의 국제개발협력에 대한 관심이 국내외에서 증대되고 있음 • 사업지에서 8년 이상 사업을 해온 한국YMCA전국연맹에 대한 우호적인 분위기가 형성되어 있음 • 공정무역커피에 대한 관심이 국내 사회에서 형성되어 있음 • 협동조합과 주민조직화, 커피공정무역사업을 먼저 경험하고 공유해줄 수 있는 파르시크와 우호적인 관계가 형성되어있음 • 동티모르 정부가 협동조합 활성화를 지원하고 있고, 협동조합과 관련한 법적·제도적 기반이 조성되어 있음 • UNDP가 사회적 경제에 대한 사업을 진행하는 등 동티모르에서도 사회적 경제에 대한 관심이 일고 있음	• 사업지역에 대한 다국적기업들의 커피 구매가 있을 수 있음 • 기후변화로 인한 이상기온으로 사업 일정이 지연되고 커피 생산량이 떨어질 수 있음 • 동티모르에 사회적기업에 대한 법적, 제도적 개념과 규정이 없음

3) 약점과 위협요소 대응 전략

본 사업의 약점으로 제기된 현장 인력의 성과관리 역량 문제를 해결하기 위해 사업주체인 경희대학교 국제개발협력연구센터는 현지와의 소통, 현지체류 및 방문평가를 실시해 직접적인 모니터링과 평가 및 성과관리를 직접 실행하고, 이 과정에서 현장 인력의 역량강화를 도모한다. 또한 사회적 경제에 대한 선례 부족은 한국에서 구성된 '한국공정무역네트워크' 활동을 통해 타 단체의 사례를 최대한 학습하고, 동티모르내의 외국 단체 사례를 학습하여 필요한 정보와 교훈 사례를 확보하고 본 사업 자체를 좋은 사례로 구성하려는 방향으로 대처한다.

위협요소인 기후변화로 이상 기후가 발생해 사업 일정이 지연될 가능성을 예상할 수 있다. 2010년 동티모르에서 홍수가 발생해 커피 농업을 비롯해 농업생산성이 저하되었고, 교량과 도로 체계에도 문제가 발생하였다. 이와 같이 이상 기후가 발생하면 커피 작황이나 운송에 차질이 생겨 일정대로 사업을 수행할 수 없다. 사업팀은 집중 호우 시기를 피해 커피 파치먼트를 딜리로 운송함으로써 사업 일정을 준수한다. 다국적기업과의 경쟁도 위협요소이다. 다국적기업이 더 높은 커피 수매가를 제시할 경우 마을주민들이 기업에 커피를 판매할 수 있다. 이를 방지하기 위해 지속적인 주민조직

교육을 통해 생산자소그룹 구성원 간 친밀감과 연대성을 높이고, 나아가 주인의식을 가질 수 있도록 한다.

03

바람이 키운 커피

사업 기획

함께 만들어갈 가치

사업계획서에서 제시한 목적은 다음과 같다. "공정무역과 생산자협동조합을 기반으로 하는 사회적 경제 모델을 구축하여 동티모르의 지역경제 재생과 자생적인 개발 원동력을 확보한다. 이를 통해 동티모르의 빈곤 퇴치에 실질적으로 기여하고, 지속가능한 지역발전을 도모한다. 사업수행 과정에 한국과 동티모르의 청년들이 주체적으로 참여하고 사회적기업가로 성장할 수 있도록 지원한다. 본 사업을 통해 전통적인 개발사업과 달리 창의적 방식의 국제개발협력사업 모델을 제시한다." 이 같이 다양한 내용을 담고 있지만 결국 이 사업의 목적을 정리하면 동티모르 커피공정무역과 사회적기업을 통해 동티모르 주민들의 자립을 돕는 것이다.

〈표3-1〉 사업 개요

<table>
<tr><td>사업명</td><td colspan="4">동티모르 커피공정무역 자립화를 통한 빈곤 퇴치 모델구축 :
생산자 협동조합, 사회적기업, 청년 참여 통합적 방식</td></tr>
<tr><td>사업 지역</td><td colspan="4">동티모르 딜리시, 마누파히도 사메군 로뚜뚜면</td></tr>
<tr><td>사업 기간</td><td colspan="4">2012.12～2014.12 (2년)</td></tr>
<tr><td rowspan="4">사업비</td><td>구분</td><td>총사업비</td><td>KOICA 지원금</td><td>자체 부담금</td></tr>
<tr><td>1차년도</td><td>553,284</td><td>499,996</td><td>53,288</td></tr>
<tr><td>2차년도</td><td>437,386</td><td>386,986</td><td>50,400</td></tr>
<tr><td>합계</td><td>990,670</td><td>886,982</td><td>103,688</td></tr>
<tr><td>시행기관</td><td colspan="4">경희대학교 국제개발협력연구센터, 한국YMCA전국연맹</td></tr>
<tr><td>공여기관</td><td colspan="4">한국국제협력단 (대학과의 파트너십을 통한 국제개발협력사업)</td></tr>
<tr><td>산출물</td><td colspan="4">• 생산자소그룹 활동 지원을 통한 자립적 생산자 협동조합 기반 구축
• 사회적기업 피스커피 운영을 통한 사회적 경제 모델 형성
• 그린빈 가공장 운영
• 카페 운영을 통한 동티모르 내수시장 참여 및 청년문화 발전 기여</td></tr>
</table>

❖ 금액 단위 : 천원

무엇이 필요할까?

이 사업은

기본적으로 주민조직화, 주민역량강화, 소득증대, 사회적기업 네 가지 요소로 구성된다. 이를 하나씩 자세히 소개하면 다음과 같다. 첫째 요소는 주민조직화이다. 이는 사메 지역의 커피 농부들을 혼자가 아닌 공동으로 커피 생산작업을 하도록 조직화하는 것을 의미한다. 보통 동티모르 커피농부는 홀로 커피 생산작업을 하거나 가공하지 않고 열매 상태에서 판매한다. 따라서 공동으로 작업을 해서 얻을 수 있는 생산성 증대, 공동체 의식 함양, 작업 효율성 제고 등의 이점을 경험하지 못한다. 그래서 이 사업은 커피 농부들이 자체적으로 10~15명이 참여한 소그룹을 구성하면 심사를 거쳐 생산자소그룹을 선정한다. 이렇게 구성된 커피 생산자소그룹에게 커피 체리를 1차 가공할 수 있는 소그룹 가공장 설립과 운영을 지원한다. 둘째 요소는 주민역량강화이다. 커피 생산자소그룹에 참여한 농부들의 역량을 강화할 수 있도록 돕는 교육프로그램을 제공하는 것이다. 교육의 내용을 구체적으로 보면 소그룹 운영과 리더십 함양 등에 관한 주제를 다루는 주민조직교육과 커피 재배와 가공 생산성 향상을 위한 농업기술교육이 있다. 주민역량강화를 통해 제공된 교육프로그램은 그동안 체계적인 교육을 접하기 힘들었던 커피 생산자들에게 배움과 성장의 기쁨을 제공해준다.

셋째는 소득증대로 생산자소그룹 구성원들의 안정적인 소득원 확보를 돕는 것이다. 동티모르 커피 시장에서 커피 체리를 1차 가공한 파치먼트의 매매 시세는 변동이 심하다. 그 이유는 기후의 영향으로 인한 생산량 변동, 국제 시장가격의 변동 등이다. 따라서 많은 커피 생산자들이 실제 제값을 받지 못하고 손해를 보며 커피를 판매하는 경우가 자주 있다. 그래서 이 사업은 시장의 시세변동에 영향을 받지 않고 현지 물가를 고려한 공정하고 안정된 가격으로 소그룹 생산자들의 파치먼트를 수매하여 이들의 소득 안정화를 돕는다. 생산자소그룹에 소속된 농부들은 소득원이 안정되면 중장기적인 가계 운영을 계획하는 것이 가능하고 다양한 측면에서 자립적인 생활이 가능해진다.

넷째 요소는 사회적기업을 설립해 여성 및 취약계층의 일자리를 창출하고, 지역사회 발전을 위한 재정 공헌을 한다. 사회적기업 피스커피의 주요 사업 모델은 공정무역커피 수출이며, 부가적인 수익 창출 수단으로서 그린빈 가공장과 카페를 운영한다. 동티모르에는 아직 사회적기업 관련법이 없다. 그래서 피스커피는 일반기업으로 등록되어 있지만 사업 활동의 과정에서 취약계층의 일자리 창출과 지역사회 발전을 위한 재정 공헌을 통해 사회적기업으로서의 정체성을 구체적으로 실현한다.

이상에서 설명한 이 사업의 네 가지 구성요소는 아래와 같다.

〈그림3-1〉 사업 구성요소

가치사슬을 연결하라

사회적기업 피스커피는

커피의 생산부터 소비에 이르는 전 과정을 포함하는 가치사슬을 구성한다. 가치사슬이란 하버드대학교 경영대학원의 마이클 포터(Michael Porter) 교수가 주창한 개념으로 '기업이 원재료를 사서 가공하고 판매해 부가가치를 창출하는 일련의 과정'을 뜻한다.[02]

〈그림3-2〉은 본 사업의 가치사슬을 설명한 것이다.

먼저 동티모르 사메 지역의 생산자소그룹 구성원은 커피 레드체리를 채집하여 생산자소그룹 가공장에서 1차 가공해서 파치먼트를 생산한다. 그리고 사회적기업 피스커피는 이를 수매하여 수도 딜리시에 위치한 피스커피의 그린빈 가공장에서 2차로 가공작업을 해서 도정된 상태인 그린빈을 생산한다. 피스커피는 그린빈을 해외시장인 한국에 수출하고 동시에 동티모르 내수시장에 유통한

---

02 가치사슬의 의미, 다음백과사전.
• http://100.daum.net/encyclopedia/view/31XXXXXXX422 (2015년 2월 8일 방문)

〈그림3-2〉 동티모르 피스커피 프로젝트 가치사슬

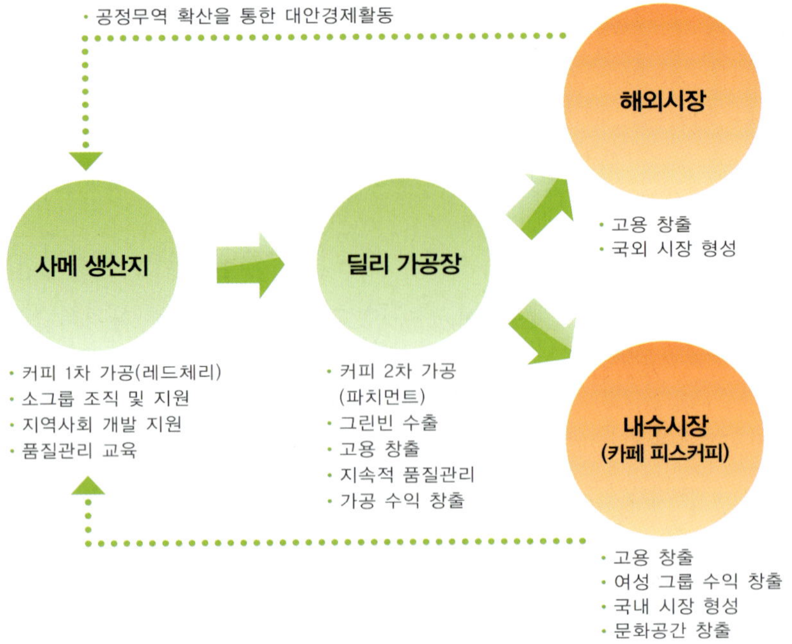

다. 한국에서는 한국YMCA전국연맹이 설립한 사회적기업인 피스커피가 커피를 수입해서 전국에 판매한다. 그리고 동티모르에서는 사회적기업 피스커피가 딜리에 설립한 카페 피스커피가 커피를 판매한다. 이러한 가치사슬은 커피의 생산, 가공, 유통 등 각 단계를 효율적으로 연계하고, 커피의 부가가치를 발생시킨다. 이 과정에서 커피 레드체리를 생산자소그룹에 판매한 사메 지역 커피농가의 소득이 증대되고, 생산자소그룹에 참여한 구성원들의 소득도 커피 레드체리를 파치먼트로 가공하여 이를 사회적기업 피스커피에 판매하는 과정을 통해 증대된다. 또한 딜리시의 그린빈 가공장과 카페 피스커피의 활동과정에서 취약계층을 위한 일자리가 창출되는 등 다양한 이해관계자들이 혜택을 누린다.

2013년 이전에는 가치사슬에서 그린빈 가공장이 빠져 있어서 사메 지역에서 채집해서 1차 가공한 커피를 딜리시의 다른 업체에 비용을 주는 임가공 형태로 생산한 그린빈을 한국으로 수출했다. 2014년에 그린빈 가공장을 건립하면서 가치사슬의 빠진 고리가 완전히 연결되어 효율적인 관리가 가능해지고 사업의 효과성도 제고됐다.

변화를 위한 도구,
변화이론

이 사업을 기획하는 과정에서 주로 사용된 사업관리기법은 PDM과 변화이론이다. 한국 국제개발협력 분야에서 일반적으로 사용되는 PDM은 '개발프로젝트 기획 및 성과관리를 위한 도구'이다.[03] PDM은 사업을 수행하는 과정에 필요한 내용들을 논리적으로 정리해 사업내용(Activities), 단기 산출물(Outputs), 중기 기대효과(Outcomes), 장기 목표(Goals)와 지표와 입증수단 및 사업에 투입되는 자원(Inputs), 가정 및 위험요소(Important Assumption), 전제조건(Preconditions)을 제시한다는 장점이 있다. 그러나 다소 도식적이고, 내용들의 상호 관계를 알기에는 쉽지 않다는 어려움이 있다.

최근에는 PDM이 가지고 있는 단점들을 보완하기 위해 비중 있게 활용되는 것이 변화이론이다. 이는 "국제개발협력 사업의 변화와 그 원인, 그리고 특정상황과 연관한 구성원들 사이에서 변화를

03 한국국제협력단, 2012, KOICA 사업의 이해, 성남: 한국국제협력단.

일으키는 당사자들의 역할과 의미에 대한 계속적인 성찰과정, 또는 변화이론을 의도한 변화가 일어나기 위해 벌어져야 하는 일련의 과정에 대한 묘사"로 설명된다.[04]

본 사업의 PDM은 〈표3-2〉와 같이 제시된다.

〈표3-2〉 동티모르 커피공정무역 자립화를 통한 빈곤 퇴치 모델 구축 : 생산자 협동조합, 사회적기업, 청년 참여 통합적 방식의 PDM

프로젝트 요약 (Narrative Summary)	지표 (Performance Indicator)	지표 입증수단 (Means of Verification)	가정 및 위험요소 (Important Assumption)
장기 목표 동티모르 커피공정무역 자립화를 통한 빈곤 퇴치 모델 구축	1. 생산자소그룹의 소득증대 2. 생산자소그룹의 지역사회 공헌을 통한 사회적 경제 모델 실현 3. 사회적기업 피스커피 운영 통한 사회적기업 활동 모델 형성 4. 그린빈 가공장 운영을 통한 공정무역 체계의 안정화 5. 카페 피스커피 영업활동을 통해 사회적기업 활동 실현	1. 한국YMCA전국연맹 동티모르 사무소 및 경희대-한국YMCA전국연맹의 사업보고서 2. 피스커피의 운영 관련 서류 3. 그린빈 가공장의 운영 관련 서류 6. 카페 피스커피의 운영 관련 서류	1. 동티모르 지역의 기후 불안정 2. 동티모르 정치·사회의 불안정 3. 동티모르 주민들의 소극적 참여

04 한국국제협력단. 2013. 민관협력성과관리 프레임워크 개발연구: CSO국제개발 질적 평가 매뉴얼. 성남: 한국국제협력단.

프로젝트 요약 (Narrative Summary)	지표 (Performance Indicator)	지표 입증수단 (Means of Verification)	가정 및 위험요소 (Important Assumption)
중기 기대효과 1. 생산자소그룹 가공장 활동 통한 자립적 생산자 협동조합의 기반 구축 2. 그린빈 가공, 카페 피스커피 운영, 커피공정무역을 담당할 사회적기업 피스커피 운영을 통한 사회적 경제 모델 형성 3. 그린빈 가공장 운영을 통한 공정무역 활성화 기여 4. 카페 피스커피 운영을 통한 동티모르 시장 참여 및 문화 발전 기여	1. 소그룹 내 자율적 운영 활성화, 소그룹 구성원들의 소득증대 2. 사회적기업 피스커피의 사회기업방식 운영 및 사회적 약자 고용 현황 3. 그린빈 가공장 운영을 통한 수익 발생 7. 카페 피스커피 운영을 통한 수익 발생 및 문화공간 제시 여부	1. 로뚜뚜 지역 소그룹 방문조사 2. 피스커피 방문조사 및 관련 서류 3. 그린빈 가공장 방문조사 및 관련 서류 8. 카페 피스커피 방문조사 및 관련 서류	1. 로뚜뚜 지역 주민들의 소극적인 참여 의지 2. 국제 및 동티모르 내 커피시장 불안정 3. 동티모르 정부 및 사회, 정치 불안정 4. 사회적기업 운영의 비전 문성 5. 청년층의 부정적 반응 및 불매
단기 산출물 1. 신규 소그룹 7개 구성 2. 신규 소그룹 가공장 7개 건립 및 운영 3. 주민역량강화 교육 총 36회 실시 4. 사회적기업 피스커피 운영을 통한 커피 수출 및 사회적 약자 고용 5. 그린빈 가공 6. 로뚜뚜 커피 동티모르 국내 영업 및 문화공간 제공	1. 최종 구성된 소그룹 7개 2. 소그룹 가공장 7개 건립 및 파치먼트 가공작업 실시 3. 교육 36회 100% 실시 4. 그린빈 가공장, 카페 피스커피 운영 상황, 커피수출 현황 및 사회적 약자 고용비율 5. 그린빈 가공장에서 가공한 그린빈의 양 6. 카페 피스커피 영업 내용, 문화공간 제시 횟수	1~3. 로뚜뚜 지역 방문 및 한국 YMCA전국연맹 동티모르 사무소 보고서 4~6. 딜리 소재 피스커피 사무소, 그린빈 가공장, 카페 피스커피 방문 및 한국YMCA 전국연맹 동티모르 사무소 보고서	1. 적합하지 않은 구성원의 소그룹 참여 2. 소그룹 가공장 건설에 부정적 영향을 미치는 기후환경 3. 그린빈 가공, 커피 수출 및 카페 티모르 운영에 대한 적절한 역량의 미확보 4. 그린빈 가공장 운영을 위한 적절한 인적 구성 및 시설설비 구비 및 가동역량 미확보 5. 카페 피스커피 영업 활동에 대한 소비자의 관심 및 구매 행위 미확보

프로젝트 요약 (Narrative Summary)	지표 (Performance Indicator)	지표 입증수단 (Means of Verification)	가정 및 위험요소 (Important Assumption)
사업내용	**사업에 투입되는 자원**	**전제조건**	
1. 소그룹 구성 2. 소그룹 가공장 건립, 운영 3. 주민역량강화 교육 실시 4. 피스커피 운영 및 커피 수출 5. 그린빈 가공장 작동 6. 카페 피스커피 영업	1. 소그룹 설명회 장소 및 진행인력 2. 소그룹 가공장 3개 건립부지, 건축비, 장비, 건축인력 3. 주민역량강화 교육 강사, 교육장소, 프로그램, 비용 및 참가자 4. 피스커피 운영인력, 시설, 물품 및 운영비. 그린빈 가공장 가동인력, 시설, 설비, 운영비 5. 카페티모르 시설, 장비, 인력, 운영비	1. 소그룹 구성에 대한 현지 주민들의 긍정적 관심과 참여 2. 소그룹 가공장 건립에 대한 수요 및 건립부지 존재 3. 주민역량강화 교육에 대한 수요 4. 주민들의 참여 및 적절한 강사 확보 5. 피스커피 운영능력 보유 6. 그린빈 가공장 운영능력 보유 7. 카페 피스커피 이용층의 존재 및 운영능력 보유	1. 그룹 구성에 대한 무관심 혹은 지나친 경쟁 2. 우기로 인한 공사 지연 3. 교육의 수준차로 인한 주민의 관심저하 4. 그린빈 가공장 전문 운영인력 확보의 어려움 5. 피스커피의 전문적 운영 미확보 6. 전문적인 카페 운영능력 확보, 청년층의 카페 이용 문화 저조

〈표3-2〉에서 제시한 PDM은 사업구성요소들을 논리적으로 연결하지만, 요소간의 상호 영향을 설명하기 위해서는 다소 부족하다. 이에 사업팀은 〈표3-3〉과 같이 변화이론를 활용하여 사업의 산출물(Outputs)뿐 아니라 단기성과(Immediate Outcomes), 중기성과(Intermediate Outcomes), 영향(Impact)을 규정하고 이를 바탕으로 성과관리 계획을 수립했다. 〈표3-3〉에서 볼 수 있듯이 산출과 단기성과, 중기성과 간의 영향을 주는 관계를 통해 변화의 원인과 결과를 PDM에 비해 좀 더 입체적으로 파악하고 이를 기반으로 사

〈그림3-3〉 동티모르 커피공정무역 자립화를 통한 빈곤 퇴치 모델 구축:
생산자 협동조합, 사회적기업, 청년 참여, 통합적 방식의 변화이론

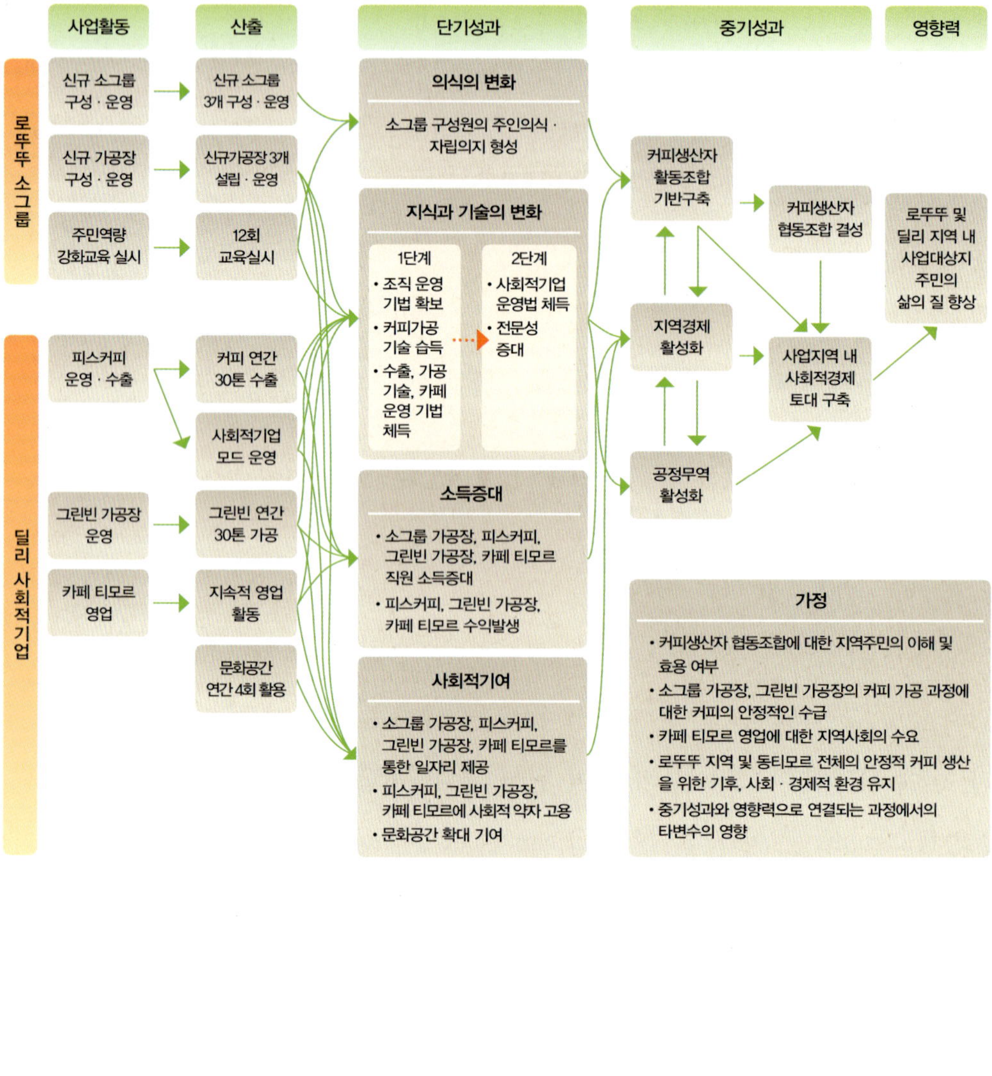

업을 기획하고 성과를 관리하는 것이 가능하게 되었다.

변화이론을 통해 본 사업의 8개 산출물들은 의식의 변화, 지식과 기술의 변화, 소득증대, 사회적 기여 등 4개 그룹하의 12개의 단기성과들로 연결이 된다. 그리고 이 단기성과들은 3개의 중기성과로 연결이 되고, 이는 다음 단계의 두 개의 중기성과와 연결이 되고 궁극적으로 사업의 영향력인 '로뚜뚜 및 딜리 지역 내 사업대상지 주민의 삶의 질 향상'으로 연결된다. 이와 같은 변화이론으로 구성된 내용들은 최종 확정된 것은 아니고 사업이 수행되는 과정에 따라 사업팀의 계속된 협의를 통해 재구성된다.

성과, 우리만의 관계 방식

본 사업은

기획 단계에서부터 사업 효과성을 높이기 위한 체계적인 성과관리에 중점을 두었다. 국제개발사업의 성과관리를 위해서는 사업수행자가 체계적으로 사업을 모니터링하고 평가하는 것이 중요하다. 이에 본 사업수행을 담당하는 동티모르 현지와 사업관리를 담당하는 서울 본부는 각각 사업 모니터링을 진행한다. 구체적으로 설명하면, 동티모르 현지에서는 매주 월요일 사업 현지 책임자인 한국YMCA전국연맹 동티모르 사무소의 양동화 간사가 한국인 직원 및 동티모르인 사업 담당자들과 함께 사업수행 과정을 점검한다. 이 과정에서 사메 지역의 커피 생산자소그룹의 가공활동과 딜리시에 위치한 그린빈 가공장 운영 점검, 카페 피스커피의 영업 상황 등에 대한 점검이 진행된다. 그리고 주민역량강화 교육이 있거나 커피 수출이 있는 경우에는 담당자의 꼼꼼한 모니터링 보고가 진행된다. 그리고 이와 같은 동티모르 현지 사업모니터링은 '경희대-YMCA

동티모르 사업 주간 진행사항표(예시)'[05] 보고서로 정리되어 2013년에는 격주로, 사업이 안정기에 들어선 2014년에는 월 1회 사업 성과관리를 담당하는 경희대학교 국제개발협력연구센터에 제시된다.

본 사업의 전반적인 행정 및 성과관리를 담당하는 경희대학교 국제개발협력연구센터는 동티모르 현지에서 전달된 사업보고서를 바탕으로 '사업 정기 모니터링 점검표(예시)'[06]를 작성해 2013년에는 격주, 2014년에는 월 1회 '사업 모니터링 점검회의'를 개최했다. 국제개발협력연구센터는 이를 통해 사업의 진행 상황과 문제점 및 해결방안을 현장과 본부에서 공유해 사업을 효율적으로 추진토록 노력했다.

사업 성과관리를 담당하는 경희대학교 국제개발협력연구센터는 〈표3-3〉와 같은 내용으로 사업의 효율성 제고 및 효과적인 성과관리를 위해 2013~2014년 한국 및 동티모르 현장에서 총 7회의 사업 평가, 성과관리 및 모듈 작성 워크숍을 개최했다.

---

05 부록1 참조.

06 부록2 참조.

2013년에는 동티모르 딜리시에서 사업 책임자인 손혁상 교수와 경희대 국제개발협력연구센터 및 한국YMCA전국연맹 동티모르 사무소 직원 7명이 참석한 가운데 사업 모니터링 및 평가를 위한 '변화의 이론' 워크숍을 개최해 사업의 전반적 성과관리를 위한 주요 사항을 공유했다. 이후 2013년 11월에는 '한국 CSO개발사업 평가 프레임워크 세미나'를 개최하여 5개의 개발NGO가 평가 프레임워크를 발표하고 4인의 전문가가 이에 대한 토론을 전개했다. 이 행사에서 본 사업의 평가 및 성과관리 프레임워크를 발표하고 참석 전문가 및 관련자들의 의견을 청취했다. 그리고 2013년 12월과 2014년 2월에는 본 사업의 모듈을 작성하기 위한 워크숍을 개최했다. 워크숍에는 국제개발, 협동조합 및 커피공정무역 분야의 9명의 전문가가 참여해 주민조직화를 통한 협동조합 구성 및 커피공정무역을 내용으로 하는 사회적 경제 방식의 국제개발협력 사업모듈을 구성하기 위한 제언을 했다.

2014년 6월에는 본 사업의 성과를 평가하기 위해 평가전문가, 사회적 경제전문가 및 KOICA 담당자 등 5인을 초청해 평가 프레임워크 세미나를 개최했다. 이후 2014년 11월에는 사업팀이 동티모르를 방문해 현지 사업수행인력들과 사업모델 모듈 작성을 위한 워크숍을 개최해 현장의 의견을 반영하여 최종 모델을 구성했다. 그리고 2014년 11월에는 커피공정무역 평가 프레임워크 세미나를 개최해, 2년간의 사업을 평가한 결과를 공유했다. 이 자리에는 주동티모르 한국대사, KOICA 동티모르 사무소장, 사메 지역 소그룹 구성원, 동티모르 활동 한국 개발NGO, 일본 개발NGO, 동티모르YMCA, 라온아띠 봉사단, 경희대 국제개발협력연구센터, 한국YMCA전국연맹 인사 등 약 50여 명이 참석해 사업의 성과를 공유하고 향후 과제를 논했다. 특별히 2005년 이후 사업이 진행되었던

〈표3-3〉 사업 성과관리를 위한 활동

횟수	일자	장소	내용
1	2013.8	동티모르	• 사업 모니터링, 평가를 위한 '변화의 이론' 워크숍 개최 • 경희대 국제개발협력연구센터 5인, 한국YMCA전국연맹 3인 총 8인 참석
2	2013.11	한국	• 한국 CSO개발사업 평가 프레임워크 세미나 개최 • 5개 개발NGO발표 4인의 전문가 토론 • 개발NGO, 학생 등 60여명 참석
3	2013.12	한국	• 사업모듈 모델 작성 워크숍 개최 • 전문가 4인 참석
4	2014.2	한국	• 사업모듈 모델 작성 워크숍 개최 • 동티모르 사업책임자 및 전문가 5인 참석
5	2014.6	한국	• 커피공정무역 평가 프레임워크 세미나 개최 • 전문가 3인 및 KOICA 직원 2인 참석
6	2014.11	동티모르	• 사업모듈 모델 작성 워크숍 개최 • 경희대 국제개발협력연구센터 4인, 한국YMCA전국연맹 4인 참석
7	2014.11	동티모르	• 커피공정무역 평가 프레임워크 세미나 개최 • 주동티모르 한국대사, KOICA 동티모르사무소장, 사메 지역 소그룹 구성원, 동티모르 활동 한국개발NGO, 일본 개발NGO, 동티모르YMCA, 라온아띠 봉사단, 경희대 국제개발협력연구센터, 한국YMCA전국연맹 인사 약 50여 명 참석

〈사진3-1〉 커피공정무역 평가프레임워크 세미나

사메군 로뚜뚜 마을의 커피 생산자소그룹 구성원들이 30여 명 참석해 본인들이 참여한 사업의 성과를 공유하는 것에 집중하는 모습을 보였다.

04

마을 주민과의 동행

주민조직운동

신뢰와 협동, 소그룹으로 만나다

전통적으로

동티모르의 커피 재배는 가구 단위로 이루어진다. 야지(野地)에서 야생 형태로 자란 커피나무의 열매가 빨갛게 익는 5~8월이 되면 사메군 가브라키와 로뚜뚜 마을에서는 식구들이 총 출동하여 커피 체리(Coffee Cherry)를 수확한다. 커피 시즌에 벌어들인 소득으로 연간 가계를 꾸리기 때문에, 이때에는 작은 고사리손도 힘을 보탠다. 커피 농가는 마을을 돌아다니며 커피를 수매하는 다국적기업의 트럭에게 수확한 커피 체리를 판매한다. 차량이 진입할 수 없는 산골 깊숙이 자리한 로뚜뚜 마을 사람들이 커피를 판매하기 위해서는 무거운 자루를 들쳐 메고 산길을 두어 시간, 많게는 여섯 시간 동안 걸어서 사메군이나 마우베시군까지 가야만 했다. 커피 농가는 가공 시설이나 기술이 없어 수확한 커피 체리를 열매 상태로 판매하였다. 커피 체리는 수확 당일 외피 껍질을 벗겨내지 않으면 발효되는 속성을 가지고 있어 빠른 시간 내에 판로를 확보해야 한다. 그렇지 않으면 애써 수확한 커피 체리를 전부 버리게 된다.

〈사진4-1〉 레드체리 수확

한편 동티모르는 비교적 최근까지 독립투쟁과 내전을 겪었기 때문에 마을 간 갈등이 내재하였고, 마을공동체는 협력이나 협동을 시도하는 데 어려움을 느끼고 있었다. 한국YMCA전국연맹은 평화운동으로 마을의 공동가공장을 설립하여 협동에 기반한 주민조직화와 커피 농가의 소득 증대를 위해 힘썼다. 농민들이 커피 체리의 외피를 벗겨 파치먼트 상태로 건조시키는 1차 가공을 수행할 수 있도록 시설을 제공하고 가공 기술을 전수하였다. 파치먼트 가공을 통해 유통 및 보관 기간을 늘리고 부가가치를 높일 수 있었다. 또한 한국YMCA전국연맹은 공정무역 접근을 도입하여 생산자로부터 현지 물가를 고려한 시장거래가보다 높은 고정 가격에 커피를 수매함으로써 안정적인 판로를 확보해주었다. 가구 단위로 커피를 생산하던 농민들은 공동작업장에서의 협동을 통해 점차적으로 공동체 의식을 형성했다. 한국YMCA전국연맹은 공동작업장 운영 경험과 노하우를 바탕으로 커피 생산자 자립화를 시도하였다.

지난 2008년, 한국YMCA전국연맹은 마을의 든든한 지도자인 베드로 할아버지를 중심으로 첫 소그룹 가공장을 시작하게 되었다. 마을의 장로 중 한 분인 베드로 할아버지는 늘 자손 대대로 커피와 함께 살아갈 수 없는 현실을 이야기하며 좀 더 안정적인 커피 생산 환경을 만들고 싶어 했다. 이러한 마을주민의 자발적 상생이야말로 한국YMCA가 궁극적으로 이 마을에서 함께 이루고자 하는 것이었다.

하지만 막상 소그룹을 구성하기 시작하면서 서서히 갈등들이 드러났다. 위치 선정부터 멤버 구성까지 가족 중심 문화의 영향을 받으면서 특혜 시비가 불거지고 고성이 오가는 싸움으로 번졌다. 소그룹 구성의 목적을 이해하지 못하면서 베드로 할아버지 때문에 참여한 구성원들, 어느 한 마을 혹은 지역에 혜택이 전부 돌아갈 것이라는 소문으로 인해 마을 간의 갈등도 벌어졌다. 그리고 사람들은 이런 갈등을 건강하게 토론하지 못하고 불명예로 생각하며 공격적으로 변해갔다. 외부인으로서 이 마을의 문화를 제대로 이해하지 못한 탓에 신규 가공장을 주도적으로 이끌어 가던 베드로 할아버지가 크게 상처를 받기도 했다. 이는 아무리 좋은 의도라도 제대로 준비하지 못하면 마을 사람들에게 도움은커녕 도리어 피해를 줄 수 있음을 경험하게 되었다.

몇 번의 시행착오를 겪은 끝에 농민 10~15명이 참여하는 생산자소그룹을 구성하고 각 소그룹별 가공장을 설립하였다. 신뢰와 협동을 기반으로 운영되는 생산자소그룹은 향후 생산자 협동조합으로 발전할 수 있는 초석이 될 것이다. 외부인으로서 마을을 알고, 그 마을을 삶의 터전으로 삼고 살아가는 사람들을 이해하기란 쉬운 일이 아니다. 이러한 과정을 통해 한국YMCA전국연맹은 주민조직운동이 현지 주민들이 중심이 되어 이루어져야함을 뼈저리게 깨우쳤다.

〈사진4-2〉 첫 소그룹 가공장을 시작한 베드로 할아버지

사업팀은 한국YMCA전국연맹의 주민조직운동을 확장하기 위해 가브라키와 로뚜뚜 마을에 생산자소그룹을 구성하기로 했다. 2013년부터 2014년까지 학빗, 나우레타, 루수프레마, 레오우드, 하일랄, 아이살라, 제레마 7개 소그룹을 만들었다. 현재 사메군에는 기존 소그룹 폴, 하우바를 포함해 총 9개 소그룹이 활동하고 있다. 혈연관계를 중심으로 형성된 마을 특성상 생산자소그룹은 대부분 친인척들로 구성되었다. 그러나 리더와 구성원 성향, 활동 경험 등에 따라 각각 다른 특성을 보이고 있다.

〈사진4-3〉 레오우드 소그룹의 가공장 풍경

● 마을 청년 중심의 '레오우드'

레오우드는 5년 동안 공동가공장에서 일했던 레오넬과 청년들을 중심으로 조직된 소그룹이다. 소그룹 지원을 결정하기 위한 면접에서 레오넬은 소그룹의 활동목표, 구성원과의 소통방법, 마을에서의 역할을 설명하며 리더로서의 면모를 과시했다. 그룹의 대표인 레오넬은 욕심은 많은데 경험이 부족해 가끔 예상대로 일이 진행되지 않으면 속상해하기도 한다. 그러나 YMCA와의 오랜 교류를 통해 소그룹 활동을 주민조직운동으로서 이해하는 동시에 주민으로서 마을의 입장을 대변하기도 하여 사업팀과 지역사회를 잇는 '다리'의 역할을 훌륭하게 소화하고 있다.

〈사진4-4〉 나우레타의 리더 마르틴스 교장선생님

● 소그룹들의 든든한 중심이 되어주는 '나우레타'

나우레타는 생산자 대표로 한국에 오셨던 마르틴스 교장선생님이 리더로 운영하는 그룹이다. 생산량은 적은 편에 속한다. 교장선생님이 비즈니스보다는 좋은 소그룹 모델로 만들겠다는 신념으로 운영하기 때문이다. 따라서 양보다는 질적인 향상을 자부하고, 여성 참여 독려 등에 신경 쓰며 운영되고 있고, 다른 소그룹들의 갈등이나 경쟁 등을 중재하는 중심 역할을 해준다.

● 온 마을이 함께 축제와 같은 분위기로 커피를 수확하는 '루수프레마'

루수프레마는 YMCA를 통한 커피 판로가 생겼을 당시 가장 긍정적인 반응을 보인 그룹이다. 왜냐하면 마을에서 시장까지의 거리가 가장 멀기 때문이다. 루수프레마는 참 특이하다. 사회주의 그룹도 아닌데 공동가공, 공동취식 등 공동 작업들이 참 잘 배분되어 있다. 덕분에 그룹 안에서 갈등이 상대적으로 가장 적다. 특히나 커피 시즌에는 소그룹을 중심으로 동네 축제를 연다. 커피 일이 상대적으로 노동이 많이 필요해서 아저씨들이 일을 많이 하는데, 일을 하고 계시면 아주머니들은 밥을 해서 온다. 그러면 동네 꼬마부터 청년, 아주머니, 아저씨까지 함께 모여 밥 먹고, 일하고, 놀고, 수다

〈사진4-5〉 잘 익은 레드체리를 고르는 루수프레마

〈사진4-6〉 레드체리를 구매하고 있는 아이살라

떤다. 이렇듯 루수프레마는 그룹 내의 마을 공동 작업을 통해 협동의 진정한 의미를 깨닫게 하는 그룹이다.

● 뚝심 있게 함께 해주는 든든한 '아이살라'

아이살라는 특이하게도 가브라키 YMCA공동작업장 당시 함께 했던 11명의 친구들이 모두 이 그룹에 속해 있다. 아이살라는 여러 소그룹들 중에서도 가공장 공사하는 데 시간이 오래 걸렸는데, 공사가 이렇게 더디게 진행 되면 가시적인 성과가 없어 쉽게 포기하는 경향이 있다. 하지만 아이살라 같은 경우 YMCA공동작업장에서 7년간 함께 일하며 쌓인 내공으로 이러한 힘든 과정을 잘 견뎌내어 마침내 가공장을 지을 수 있었다. 어려운 과정들 끝에 대안을 만들어낸 그간의 경험 덕분이었다. 공사가 거의 마무리될 무렵, 혹시나 공사로 인해 많이 지치지 않았을까 염려하는 활동가들에게 오히려 그룹원들은 먼저 "잘 되려면 이러한 어려운 과정도 있어야 한다"며 격려하기도 했다.

〈사진4-7〉 커피를 가공하는 하일랄 그룹의 아주머니

● 여성이 주도적인 '하일랄'

하일랄은 우먼파워로 이루어진 그룹이다. 그룹 내에 아주머니들이 많다. 다른 그룹하고 다르게 하일랄은 마을주민들이 YMCA에게 함께 하자고 먼저 제안을 했다. 그래서 다른 그룹보다 늦게 합류했다. 첫 수확 시기에 그룹의 아주머니들이 열심히 가공에 참여하였으나 조금 늦게 합류한 탓에 커피 가공생산량이 9개 소그룹 중 가장 적었다. 하지만 YMCA와 처음으로 함께 일을 한다는 부담이 긍정적으로 작용한 것에 더해, YMCA와 신뢰 관계를 구축하고 이를 증명해내야 한다는 생각 덕분에 생산 과정에서 커피 가공의 질적인 면에 세심하게 신경을 썼다.

이 그룹은 수확 후 가공장을 만드는 과정을 특히 힘들어했다. YMCA는 마을 사람들의 가공장 완공에 대한 불안감을 해소하기 위해 “올해만 보지 말고 길게 보고 길게 가자”고 설득하면서 “우리 파트너로 시작했으면 중도포기란 없다. 같이 가야한다”고 다독였다. YMCA는 이번에 하일랄 커피가 유통이 되면 커피에 대한 질적 피드백을 받아 전해줄 예정이다. 이러한 과정을 거치면 그룹의 자발성과 주도성이 더 높아질 것으로 기대된다.

〈사진4-8〉 소그룹 선정을 위한 주민회의

<표4-1> 사메 커피 가공 소그룹

지역	소그룹명	구성원 수	구성시기	특성
1	폴	7명	2009.1	지역 리더를 중심으로 소그룹을 구성함. 공동가공장에서 소그룹으로 전환하는 시스템을 가장 먼저 이해하고 지지했지만, 청년구성원 부족과 엄격한 품질관리로 가공량이 적음.
2	하우바	15명	2010.3	마을 청년 중심으로 소그룹을 구성함. 소그룹 가공장 운영에 있어 다소 개혁적인 성향으로 마을장로들과 갈등이 있으며, 주민조직운동이라기보다 비즈니스적 측면을 강조함. YMCA와 지역 장로 자체적으로 품질관리에 대한 모니터링을 강화하고 있음.
3	학빗	12명	2012.4	마을 청년 중심으로 소그룹을 구성함. 소그룹 자체를 하나의 NGO 활동으로 이해하고 커피 시즌 이외에 타 활동(교육 및 소규모 비즈니스 모델)에 대한 욕구가 있어 여러 차례 시도하고 있음.
4	나우레타	10명	2012.4	학교 교장을 중심으로 소그룹을 구성함. 소그룹의 리더가 여성참여를 독려해 주민교육에 여성참여율이 가장 높음. 소그룹간의 경쟁 및 갈등상황에 중재자 역할을 하는 그룹임.
5	루수프레마	14명	2013.4	물리적 거리(산지와 수매장소가 가장 먼 지역, 걸어서 1시간 이상)에 대한 혜택을 가장 많이 받은 소그룹. 마을 전체 주민들의 기대와 관심으로 소그룹 구성원이 아닌 주민들의 참여도 높고 가공량도 가장 많으며 품질관리도 잘되고 있음.
6	레오우드	14명	2013.8	YMCA 공동가공장에서 5년 동안 일했던 청년들이 독립적으로 조직한 소그룹. 여성참여율이 다소 낮음. 리더십에 대한 고민을 시작하고 조직운동으로서 소그룹을 이해하고 있음.
7	제레마	10명	2013.9	마을장을 중심으로 소그룹을 구성함. 조직 운영 능력 및 품질관리가 뛰어남.
8	하일랄	12명	2014.4	가족단위로 소그룹을 구성함. 구성원간친밀도가높고화목하며여성참여율과기여도가가장높음. YMCA 가공장 경험이 없는 구성원들이라 과정보다 결과를 중시하여 가장 관리가 필요한 그룹임.
9	아이살라	11명	2014.4	제YMCA 공동가공장에서 활동했던 멤버들이 조직한 소그룹. 아직 현지 YMCA간사의영향력을직접적으로받고있어조직운영이독립적이지못하지만 협동 및 조직력은 가장 뛰어남.

활동가 이야기

“함께 배우는 과정에서 서로를 이해하기”

한국YMCA전국연맹 김기연

커피를 파치먼트 단계까지 가공하는 작은 단위의 그룹을 만들기 이전에, YMCA에서 커피를 가공하는 가공장을 운영했었다. 매년 커피시즌이 되면 가브라키와 로뚜뚜 마을에 있는 가공장에서 직접 주민들로부터 레드체리를 구매하면 그 시즌에 고용된 마을 청년들이 가공하면서 커피 가공기술을 배우고, 조직 활동이나 간단한 회계 업무 등을 배울 수 있었다. 내가 파견되었을 때가 마지막으로 가공장을 운영하고 있었던 시즌이었는데, 마을에 소그룹을 만든다고 받은 지원서를 보니 그때 가공장에서 활동했던 경험을 가진 청년들의 이름을 만날 수 있었다. 물론 그 후 소그룹 구성 과정의 회의에서도 반가운 얼굴들을 다시 볼 수 있었다.

처음 프로젝트를 시작할 때 YMCA 가공장이 활동을 멈추고 소그룹을 만든다는 것이 '같은 기능이 마을에 분산되는 것이구나'라고 설명에서 이해했던 것이, '그냥 그렇구나'에서 소그룹을 만들겠다고 모인 사람들을 보니 '아, 정말 이런 것이구나'라는 느낌이었다. 내가 처음 마을에 들어와서 티모르어도 잘 못하고 어색하게 커피를 고르고 있었을 때 친절하게 말을 먼저 건네주던 동네 오빠가 그룹의 리더가 되어 자신의 그룹을 만들고, 어떻게 그룹원들과 소통하고, 어떤 목표가 있으며 마을에서 어떤 역할을 하고 싶은지에 대해 이야기하는 것을 들었다. 물론 아직 마음이 급하고 빨리 이루고 싶은 것이 많은 분이었는데, YMCA와의 소그룹 구성 회의에서 오히려 YMCA에서 활동한 경험으로 YMCA를 이해하고 동시에 마을 사람으로서 사람들의 입장을 이야기하는 다리와 같은 역할을 하는 느낌이 들었다.

마을 회의에 참여하면 항상 좋은 얼굴로만 마주하지는 않는다. 감정이 격해질 때도 있고, 사업의 여러 부분을 생각보다 더 자세히 설명한다고 느껴지는데, 이 부분은 내가 마을에 대해 아직 모르는 것이 많고 이해하지 못해서 그렇다고 생각한다. 내가 마을에 사는 사람이 아니고서야 그분들의 삶의 터전인 마을을 이해하는 것이 쉽지 않으며, 그것이 주민사업의 어려운 점이고, 또한 핵심적인 부분이라는 생각이 든다.

그룹 구성 회의 때 그 '동네 오빠'도 언성을 높일 때가 있었지만 왠지 밉지가 않다. 물론 과장된 감정일 수도 있지만, 한국의 고군분투하는 또래 친구들처럼 열심히 일하고, 이루고 싶고, 하지만 아직은 배울 것이 많은…. 배워가는 과정 속에 같이 있는 느낌이다. 그분을 보면 나도 내가 할 수 있는 일을 열심히 하며 응원해야겠다는 생각이 든다.

처음 로뚜뚜 마을에 왔을 때가 생각난다. 내가 마을에 와서 처음 마을 회의에 참여했을 때, 장로 할아버지들과 YMCA 활동에 관심이 있는 사람들이 둥그렇게 둘러 앉아 양동화 간사님이 이야기하는 것을 진지하게 듣고 이런 저런 이야기를 나누었던 것이 생각난다. 당시에 언어도 배우기 전이라 내용을 이해할 수는 없었지만 화기애애하지만 생소했던 분위기와 사뭇 다른 태도로 마을사람들을 만나시던 양동화 간사님의 모습이 오히려 진지해 보였고 아무것도 모르는 나에게는 매우 부담스러운 기억으로 남아 있다. 그 무게감으로 활동을 시작하였고, 거기서 활동에 대한 고민들이 시작되었다. 소그룹이 구성되고 지금 운영을 시작하였고, 앞으로도 더 많은 마을 회의들이 있을 것이고 나로서는 그 부분에 나마 참여하고 배울 수 있어서 감사하게 생각한다.

사업팀은 한국YMCA전국연맹이 폴, 하우바 소그룹을 운영했던 경험을 바탕으로 심사기준 설정, 설명회 개최, 지원서 접수, 심사위원회 구성, 면접심사 순으로 생산자소그룹 구성 단계를 추진했다. 심사기준으로는 소그룹 운영 목적의 타당성, 인원, 성별, 가계 형편 등 구성원 현황, 구성원들의 리더십과 공동체 의식, 활동 참여도와 같은 조직화 관련 사항을 중점적으로 검토한다. 그러나 이외에도 신규 소그룹 가공장 부지가 다른 소그룹 가공장과 적정거리를 유지하고 있는지, 건조장 위치, 용수 공급, 운송거리 등 소그룹 가공장의 운영 환경, 커피 생산량, 시설 유지보수에 대한 의지 등과 같은 소그룹 가공장 운영의 지속가능성을 검토하고, 마을주민들의 반응이나 장로들의 추천 여부도 고려한다. 심사기준 설정 후에는 마을주민들을 대상으로 설명회를 개최하여 주민들이 사업의 목적과 내용을 충분히 이해할 수 있도록 돕는다. 주민들은 설명회에 큰 관심을 보였다. 2013년에는 가브라키, 로뚜뚜 마을의 9개 생산자소그룹이 지원했고 그중 5개를 선정하였다. 이들이 사업팀의 지원사항을 토대로 양질의 커피를 생산하고 소득을 증대시키는 등의 가시적인 성과를 거둠에 따라, 2014년에는 더 많은 생산자소그룹이 지원했다.

〈그림4-1〉 소그룹 심사 및 선정 과정

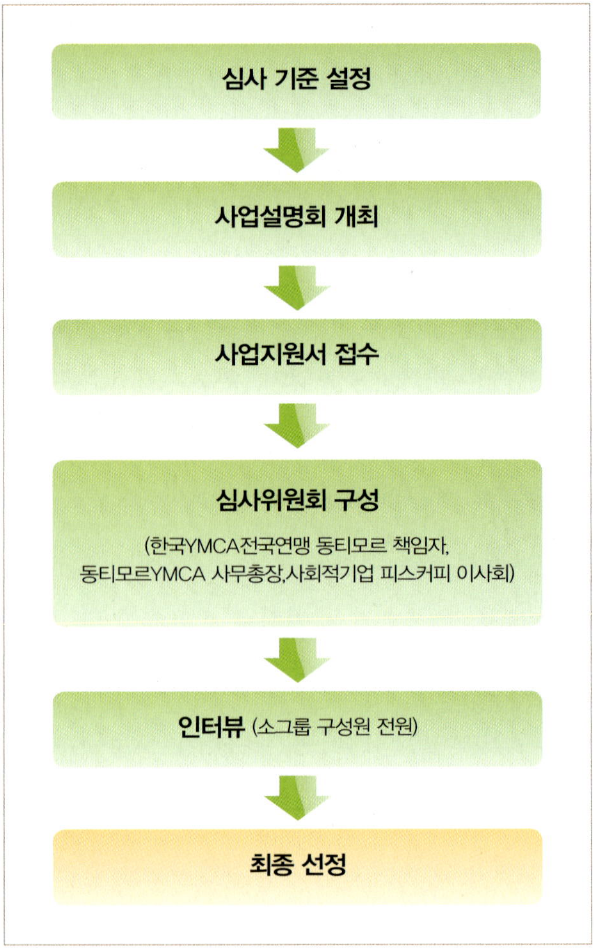

최종 선정된 생산자소그룹은 사업팀과 상호 의무에 관한 협약서를 작성한다.

〈박스4-1〉

협약 내용

○○○○년 ○월 ○일 YMCA와 마누파히도 사메군 로뚜뚜면의 ________ 그룹이 MOU를 체결한다. 파트너 1(YMCA)과 2(소그룹)는 서로 합의한 아래의 조항을 존중하여 성실하게 이행한다.

1. 소그룹은 반드시 조직도와 정관을 갖춘다.
2. 소그룹은 회계의 투명성을 위한 장부를 기록한다.
3. 소그룹은 정기적인 회계보고를 이행한다.
4. 이 협약 체결은 2014년부터 2024년까지 10년을 유효기간으로 하되, 상호 합의하에 의해 조정할 수 있다.
5. 협약 기간 10년은 어떠한 강요 없이 서로의 합의하여 결정되었으나 상호 합의하에 조정 가능한 사유는 자연재해, 경제적 상황, 정치·사회적 상황 등에 의해 어느 한쪽의 파트너의 사업 지속성에 영향이 있을 경우에 협의할 수 있다.
6. 1년마다 3회 정기 회의 및 평가회를 갖고 서로의 필요성에 의해 수시로 소집할 수 있다.
7. 소그룹은 열매부터 파치먼트까지의 가공 과정에서의 품질관리에 관한 책임을 갖는다.
8. 파트너 1은 파트너 2의 가공장 설립을 위해 자재 지원을 하고 소그룹은 운영의 전체 책임을 진다.
9. 파트너 1과 2는 가격결정을 함께 하며 정해진 가격은 상호 동의 없이 조정할 수 없다.

10. 파트너 1이 계획한 교육을 소그룹은 반드시 이행해야 한다. 또한 소그룹은 필요에 의한 교육을 파트너 1에게 건의 할 수 있고 서로 합의하에 진행 할 수 있다.
11. 파트너 1과 2는 1~10까지의 조항을 성실히 이행하지 않을 경우 회의를 소집 후 협약을 파기할 수 있다.

각 조항의 성실한 이행을 위해 생기는 어떠한 어려움과 갈등은 한 가족같은 마음으로 협력하여 상호간의 합의 하에 조정해 간다.

이 협약은 상호 논의하여 합의한 것으로 강요에 의한 것이 아닌 자발적으로 이루어졌다.

○○○○년 ○월 ○일 상호 대표가 서명하였다.

소그룹은 협약에 따라 조직과 활동에 대한 기본 규칙인 정관과 구성원의 역할과 책임을 정의하는 조직도를 갖춘다. 가장 먼저 조직 운영에 대한 총괄 책임자로서 커피의 품질 관리, 보고서 작성을 담당하는 그룹의 리더를 정한다. 소그룹을 주도적으로 조직하고 커피 경작지를 보유한 사람 중 구성원들이 투표로 선출한다. 정관은 소그룹의 비전과 미션, 활동 내용, 수익 분배에 관한 구체적인 내용을 담고 있다. 사업팀은 소그룹에게 정관 제정 방법과 예시 조항을 교육하고, 각 소그룹의 구성원들은 토론을 통해 정관을 정한다.

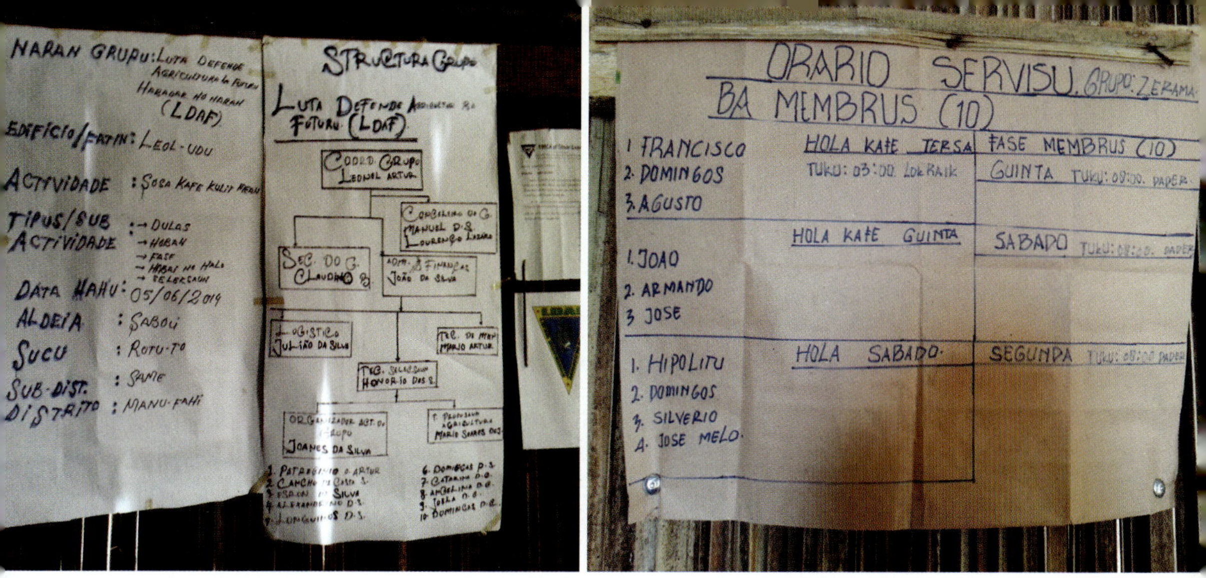

〈사진4-9〉 소그룹 정관, 조직도 및 가공 일정표

〈박스4-2〉

소그룹 정관

1. 소그룹 신원(정의)

   이름 : 소그룹 제레마

   주소 : 마누파히도, 사메군, 로뚜뚜면, 포헤이 마을

   책임자 : 프란시스코 다 실바

   위치 : 파투레카스, 아로하엣-코엘-우두

   연락처 : +670773298**, 773830**

2. 비전

   제레마 소그룹의 가장 큰 비전은 “마을 공동체가 나라의 힘이고 주민의 삶이 튼튼해지면 나라도 강해진다”이다.

   왜냐하면 개발은 지역주민의 참여로 이루어지고 이에 로뚜뚜면 포헤이 마을주민으로 이루어진 제레마 그룹은 동티모르의 개발에 특별한 기여를 해야 한다.

이를 위해 경제적 발전을 기반할 수 있는 커피 산업에 참여하고 스스로 품질관리를 통해 양적 성장 뿐만 아니라 질적 성장도 이루어 내어 스스로가 삶의 변화의 주체가 되어야 한다.

3. 미션

제레마 그룹은 소그룹 구성을 위해 YMCA로부터 받은 지원을 기본으로 하여 커피가공에 대한 책임을 가지고 열매에서부터 파치먼트까지의 가공과정을 수행한다.

"제일 맛있는 로뚜뚜 커피가 피스커피다"라는 이야기를 한국시장에 전파할 수 있도록 YMCA의 파트너로서의 역할에 최선을 다한다.

4. 조직도

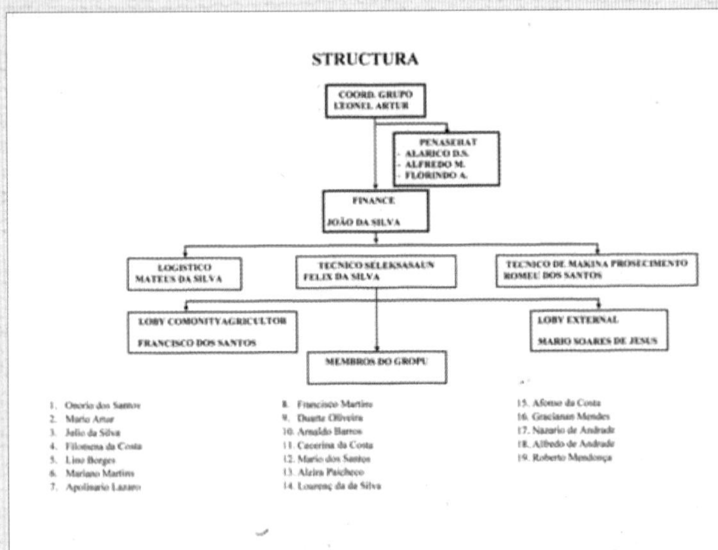

5. 소그룹 수익성

소그룹의 수익은 소그룹 멤버와 포헤이 마을을 위해 쓴다.

파치먼트 1Kg당 10센트를 적립하여 타 그룹과 함께 로뚜뚜를 위해 사용한다.

소그룹은 10명 내외로 구성한다.

10명의 소그룹 멤버가 50가구의 수익을 보장한다.

6. 활동 내용

YMCA의 지원 외 활동에 필요한 부자재 및 물품은 커피가공 및 판매를 통한 수익으로 충당한다.

YMCA와 공정무역 거래에 대한 책임감을 가지고 공정무역활동에 최선을 다한다.

커피 시즌이 되면 각 소그룹은 바빠진다. 소그룹 내부적으로 의사소통 구조를 확립하고 있지 않지만, 활동 중 구성원들은 상시 소통하고 있다. 가브라키와 로뚜뚜 마을의 9개 소그룹은 일 년에 두 번 정기회의를 개최한다. 또한 주요 이슈가 발생하면 해당 소그룹이나 사업팀이 비정기회의를 소집하기도 한다. 소그룹과 사업팀 간에도 일 년에 두 번 정기회의를 개최하여 소그룹의 의견을 수렴하고 있다.

가공장을 세우다

사업팀은

생산자소그룹이 원활히 운영될 수 있도록 소그룹 가공장 건립, 주민역량강화 교육, 파치먼트 수매를 통한 안정적인 판로 확보를 지원했다. 가브라키와 로뚜뚜 마을의 7개 생산자소그룹이 각각 가공장을 운영할 수 있도록 7개 소그룹 가공장을 건립했다. 10~15명의 소그룹 구성원들은 힘을 합쳐 커피 체리를 수확하고 파치먼트로 가공한다. 또한 가공시설을 활용해 인근 주민들이 수확한 레드 체리를 구매하고 파치먼트 생산량을 증가시킨다. 이러한 과정에서 구성원들은 협동을 경험하고, 이로 인한 장점을 체득한다.

가공장은 소그룹이 확보한 가공장 부지에 지어진다. 파치먼트를 건조시킬 수 있는 너른 마당의 주변에 커피 체리의 껍질을 벗기

〈사진4-10〉 소그룹 커피가공 과정 1

는 작업장과 보관 창고가 들어서는 단순한 구조물이다. 사업팀은 건설업체에 위탁하지 않고 소그룹 구성원들이 직접 공사를 진행할 수 있도록 건축 자재와 물품을 제공했다. 직접 건축 과정에 참여한 주민들은 손수 벽돌을 쌓고 동료들과 함께 지붕을 이면서 자연스럽게 주인의식(Ownership)을 형성했다.

공사가 끝나면, 각 소그룹 가공장에 커피 체리의 껍질을 벗기는 기계를 제공한다. 2014년 4월 결성한 아이살라 소그룹은 새 커피 가공기계를 들이고 본격적인 커피 시즌을 준비했다. 그런데 한창 바쁜 수확철이 되자 커피 가공기계에 결함이 있다는 것을 알게 되었다. 구성원들은 조금씩 돈을 거두어 커피 가공기계 대여료 200달러를 모았고, 커피 가공을 차질 없이 진행했다. 동티모르에서 200달러는 커피 농민이 한두 달 열심히 일해야 손에 쥘 수 있는 큰 돈이지만, 소그룹은 문제가 발생했을 때 사업팀에 기대거나 요구하기보다 스스로 해결방안을 모색하고자 했다.

〈사진4-11〉 소그룹 커피가공 과정 2

활동가 이야기

"자조와 신뢰의 가치 속에 함께 서기"

경희대학교 공공대학원 정동주

2014년 가브라키 지역에 신규 가공장인 아이살라 그룹과 하일랄 그룹이 선정되고 건설이 시작되면서, 저는 주로 가브라키 지역에 머물면서 신규 가공장 건설 자재 및 물품을 지원하고 건설 진행 상황을 점검하는 일을 맡았습니다. 또한, 커피 시즌에는 커피 가공장 건설과 더불어 커피 가공작업을 모니터링하며 가브라키 마을주민들과 매주 만났습니다.

4월 중순쯤 가브라키 신규 가공 소그룹이 선정되고 가공장 건설 작업이 시작되었습니다. 커피 시즌이 시작되려면 한 달여 정도의 시간이 있었지만, 딜리에서 소그룹의 지원서에 맞게 자재를 사고 옮기는 과정에서도 시간이 필요해 커피 시즌까지 모든 가공장 건설 작업을 마무리하기에는 매우 촉박한 시간이었습니다. 그래서 회의를 통해 하일랄 그룹은 임시로 지어놓은 가공장에서 커피 가공작업을 시작하였고, 아이살라는 이전에 한국YMCA전국연맹이 쓰던 가공장의 일부를 빌려서 사용하기로 협의하였습니다.

4월부터 한 달여 동안은 딜리에서 전체 책임자인 조디 간사님과 상의

하에 자재를 구매하여 마을로 옮기고 다른 현지 간사님을 통해 그룹 물품을 지원서에 맞게 그룹에게 배분하고 점검하였습니다. 그룹 물품을 그룹에게 지원하는 것은 한두 번만에 이루어지는 것이 아니라 현지 간사님과의 협의를 통해 가공장이 지어지는 과정에 따라 8개월에 거쳐 필요한 자재를 조금씩 제공하는 과정을 거칩니다. 다행히도 제가 이 일을 하는 과정 가운데서 이미 YMCA 현지 간사님들은 일에 대해서 잘 파악하고 계셨고, 마을 사람들과 소통하는 역할도 그분들과 함께 할 수 있었기 때문에 일을 하는 과정 가운데서 큰 어려움 없이 진행할 수 있었습니다. 다만 현지에서 2년 정도 지냈는데도 외국인인 나의 기준이나 관점에서 상황을 판단하여 현지 분들을 바라본다거나 그분들의 언어나 문화를 완전히 이해할 수 없어서 의사소통 과정 가운데 간혹 오해가 생기기도 하였습니다.

6월에 커피 가공을 시작하면서 레드체리 껍질을 벗기는 커피 가공기계를 우선으로 나누어주었습니다. 하지만 6월 초에 그룹들을 돌아보면서 단체에서 제공한 아이살라 그룹의 새 커피 가공기계에 문제가 있다는 사실을 알게 되었습니다. 하지만 이미 커피 가공은 시작된 시점이었습니다. 저는 그룹원들이 커피 시즌이 시작하기 전에 돈을 조금씩 모아 200달러 정도의 가격으로 다른 커피 가공 기계를 렌트해서 이미 커피 가공을 시작했다는 사실을 알게 되었습니다. 그룹에서 그 이야기를 듣자마자 가장 먼저 든 생각은 우리가 제공한 불량품 기계 때문에 마을 사람들이 자신의 가계에서 적지 않은 돈을 쓰게 되어 안타깝다는 생각이었습니다. 사실 200달러면 동티모르에서는 그분들이 커피 가공을 한두 달 정도 열심히 하셔야 벌 수 있는 돈입니다. 그래서 사실 단체가 다른 차원으로 이 그룹을 지원해주어야 하는 것이 아닌가 하는 생각이 들었습니다.

하지만 이러한 시선이 제가 외국인으로서 매우 수혜적인 시선으로 그들을 바라보는 것임을 알게 되었습니다. 또한 제가 쉽게 그분들에게 가지는 측은한 마음은 어쩌면 저의 우월감에서 비롯된 것임을 오랜 시간에 거쳐 깨달을 수 있었습니다. 오히려 그룹원들은 기계가 불량품인 것을 알게 되자 그룹의 상황 안에서 스스로 그 문제점을 해결하고 방법을 모색했습니다. 그분들 안에 자기 스스로 결정하고 또 문제를 해결할 수 있는 충분한 능력을 가졌음에도 '불쌍하다'거나 '도와주어야 한다'는 시선은 선의일지는 몰라도 오히려 그분들의 자립심을 떨어트리고 자기 결정권을 무시하는 행동이 될 수도 있다는 것을 깨닫게 된 것입니다. 또한 그룹은 이후 회의를 통해 YMCA가 기계를 수리해줄 것을 요청하였고, YMCA는 이에 대해 상황에 대해 양해를 구하고 언제든지 수리해줄 수 있음을 약속하였습니다.

커피 시즌을 마치고, 다시 소그룹 가공장 건설이 시작되면서 11월에 자재를 나누어주는 과정에서 저는 지원서에 나와 있는 그대로 자재를 나누어주기를 원했습니다. 하지만 현지 간사님들과 협의하는 과정 가운데서 현지 간사님들은 지원서에 있는 대로 줄 필요가 없고 모래의 경우에는 가격이 오른 것과 상관없이 작년의 가격으로 돈으로 환산해서 주어야 한다고 했습니다. 저는 왜 모래만 자재로 직접 주지 않고 돈으로 주어야 하는지 대한 이해가 되지 않았습니다. 나중에 알게 되었지만, 모두가 물자나 자재가 부족한 상황에서 모래는 수도 딜리가 아닌 사메 지역에서 직접 사서 나누어주는 자재여서 물가가 얼마나 오르고 내리는지에 대해서 더욱 민감한 부분이 있기에 공평하게 작년 물가에 기준하여 그룹이 모래를 직접 살 수 있도록 한다는 것이었습니다.

현지 간사님들과 소통하는 과정에서 그 분들은 제가 현지 상황에서 너무나 당연한 사실을 이해 못한다고 생각해서 답답해하였고, 저는 그 상황이나 이유에 대해서 정확히 이해가 되지 않는데도 넘어가야 하는 부분이 답답했습니다. 이러한 과정을 통해 제가 현지 간사님들과 소통하고 마을주민과 함께 생활하면서 상황을 문화적인 맥락에서 이해하고 파악하는 것이 매우 중요한 것임을 다시금 깨닫게 되었습니다. 이를 통해 제가 얼마나 현지 상황이나 문화에 대한 이해가 부족하며, 이해하려는 노력이 부족했는지도 느꼈습니다.

또한 주민들과 소통할 때 나의 기준이나 생각을 앞세우기보다는 기다려보고 지켜보는 과정이 필요하다는 것을 알게 되었습니다. 사업을 진행하면서 겨우 2년의 짧은 시간으로 마을의 역학관계나 문화적 맥락을 이해한다는 것은 사실 쉽지 않다고 생각합니다. 또한 외국인으로서의 관점이나 기준을 내려놓고 현지의 문화적인 관습들을 존중한다는 것은 쉽지 않았습니다. 그러기에 현장 활동가가 오랜 시간 마을에 머물며 지켜보고 마을과 사람들을 이해하는 과정은 정말 필수적인 시간임을 다시 한 번 느끼게 되었으며, 이를 통해 마을주민과의 깊은 신뢰를 쌓아가며 이는 사업을 든든하게 하는 밑거름이 됨을 경험하게 되었습니다.

자립를 위해 학습하다

주민역량강화 교육은

크게 주민조직 교육과 기술 교육으로 나눌 수 있다. 전자는 소그룹과 협동조합 운영에 관한 교육이고, 후자는 커피 품질 향상과 생산량 증대를 위한 교육이다. 동티모르 커피 농가는 커피 수확과 가공에 대한 체계적인 교육을 받지 못한 채 전통적인 경험에 의존해 커피를 생산한다. 이러한 방식은 생산성이 낮고 커피 품질을 일정하게 관리하기 어렵다. 사업팀은 2013년부터 2014년까지 총 7회에 걸쳐 주민역량강화 교육을 실시했다. 교육 강사로는 테툼어를 구사하는 현지 전문가, 외국NGO, 사업팀이 참여해 주민들의 이해도를 높였다.

〈표4-2〉 2013~2014년 주민역량강화 교육 일정

회차	일시	내용	참석 인원
1	2013.5.24~27	• 총 12회 강좌 • 그룹 운영, 커피 재배 관련 교육 • 협동조합전문가 보디(Bodi)가 교육	누적인원 270명
2	2013.11.27~28	• 총 12회 강좌 • 커피 재배 관련 교육 • 포르투갈NGO 하포르사(HAFORSA) 전문가들이 교육	누적인원 120명
3	2014.4.24~25	• 총 2회 강좌 • 커피가공 평가회 및 소그룹 운영에 관한 리더십, 보고서 작성 교육 • 동티모르YMCA 오라시오 사무총장	35명
4	2014.5.3~5	• 총 2회 강좌 • 마을 리더 및 직원 워크숍, 공정무역, 사회적기업의 이해, 롤플레이, 성취 및 액션 플랜 짜는 법 교육	28명
5	2014.7.3~4	• 총 8회 강좌 • 가브라키 주민 대상 협동조합 및 소그룹 운영에 관한 교육 • 협동조합 전문가 보디(Bodi)가 교육	누적인원 194명
6	2014.10.9	• 총 12회 강좌 • 평가서 작성요령 (평가항목 및 내용, 기술, 보고서 작성법 등)	32명
7	2014.12.6	• 총 12회 강좌 • 평가서 작성요령	40명
합계	총 40회 강좌, 719명		

〈박스4-3〉

마을주민 이야기

"YMCA에서 좋은 기회를 마련해주어 감사하게 생각한다. 지난 6년을 돌아보면 그 동안 많은 혜택들이 로뚜뚜 마을에 있었듯이 앞으로도 이런 교육처럼 많은 사람들이 배움의 기회를 가질수 있는 자리가 마련되었으면 좋겠다. 이번 교육에는 사메군에서 온 학생들도 함께 참여할 수 있어서 더 많은 사람들이 배움을 나누는 기회를 가질 수 있었고, 그 학생들이 로뚜뚜 마을에 커피 가공에 대해 지속적인 관심을 가질 수 있는 기회를 주게 된 것 같아서 기뻤다. 오랜 시간을 로뚜뚜 마을과 함께한 YMCA와 먼 길을 오신 오라시오 총장님과 스텝들, 특별히 양동화 간사님께 고맙다는 인사를 하고 싶다."

나우레타 생산자소그룹 대표 마르틴스

"협동조합의 의미를 이해하고, 커피 생산 및 품질 향상을 위한 효율적인 방법 및 계획을 수립하는 것이 물론 중요하다고 생각한다. 그러나 하루를 살아가면서 급하게 해야 할 일들이 너무나 많고, 특히 커피 농사를 짓는 데 있어서는 날씨 등의 변수가 많기 때문에 계획을 세운다는 것이 얼마나 큰 도움이 될 수 있는지는 잘 모르겠다. 하지만 그럼에도 불구하고 이번 주민교육을 통하여 체계적인 계획 및 평가 방법 등을 배울 수 있어 매우 유용한 시간이었다."

루수프레마 생산자소그룹 대표 올란도

〈사진4-12〉 주민역량강화 교육

소득이 늘어나다

사업팀은

생산자에게 보다 큰 수익이 돌아가도록 가격을 책정하고 시장가격의 변동에 상관없이 고정 가격에 거래하는 공정무역 접근을 채택했다. 이는 생산자소그룹은 안정적인 판로를 확보함으로써 소득을 증대시키고 장기적인 가게 운영 계획을 세울 수 있게 되었다. 각 소그룹은 마을주민들로부터 커피 체리를 구매해 파치먼트로 가공한 후, 품질 검사를 거쳐 전량 사업팀에게 판매한다. 마을주민들의 소득에 직접적인 영향을 미치는 커피 체리 가격은 마을회의를 통해 결정되고, 소그룹 구성원들의 소득에 직접적인 영향을 미치는 파치먼트 가공비는 소그룹 회의를 통해 결정된다. 소그룹은 가공비로 인해 발생한 수익 중 1kg당 0.1달러를 이듬해 소그룹 활동비로 사용하고 1kg당 0.1달러는 지역사회 발전을 위해 적립한다.

〈표4-3〉 지역개발 및 유지 가공을 위한 적립금 현황

연도	지역사회 발전 지원금	소그룹 유지보수비
2009	578.80	578.80
2012	1,896.40	1,896.40
2013	2,524.90	2,524.90
2014	4,250.66	4,250.66
합계	9,250.76	9,250.76

❖ 단위 : 달러

124
Banda Sea
Pulau
Kombe
8
INDONESIA
Kalabahi
Pulau Alor
Moru
Pulau
Adonara
Flores
Waiwerang
Larantuka
Pulau
Solor
Pulau
Lomblen
Pulau
Pantar
Ombai Strait
Atapupu
Savu Sea
Pante
Makasar
Oecussi
(Ambeno)
INDONESIA
Soe

05

사회적기업 피스커피 이야기

피스커피와 공정무역

피스커피는

본 사업의 목적 및 목표인 자립화를 위한 사회적기업 설립의 핵심 사업이다. 피스커피는 한국YMCA전국연맹이 지난 2010년 커피공정무역을 위해 커피수출업체로 설립했다. 본 사업은 2013년 건립한 그린빈 가공장, 카페 피스커피와 기존의 커피 수출업무 및 생산지 관리를 공동으로 운영할 통합 법인체 설립에 필요한 통합운영면허를 획득하기 위한 행정절차를 거쳐 2013년 7월 29일 '피스커피'라는 명칭으로 통합면허를 취득하고 8월 1일부터 본격적인 활동을 시작했다.

동티모르에서는 사회적기업 관련법 부재로 관련 규정이나 범위 설정이 없어 한국YMCA전국연맹과 경희대학교 국제개발협력연구센터는 '피스커피'를 일반기업으로 등록하고, 내부적인 논의를 거쳐 수익활동을 통한 경제적 이익을 사회적약자 고용과 지역사회에 재투자하기로 결정했다. 이에 2014년 12월 현재 전체 직원 21명 중 사회적기업 피스커피 9명, 그린빈 가공장 4명, 카페 피스커피 3명 등 사회적 약자 총 16명을 고용하였다.(2014년 12월 현재 사회적 약자 고용율 76%). 사회적 약자(취약계층) 선별 기준은 한부모 가정 또는 부양가족 10명 이상, 가족 중 본인만 벌이가 있는 가정이다).

활동가 이야기

“커피로 만들어진 가족”

한국YMCA전국연맹 양동화

> “이 커피를 만들어내는 모든 사람과 이 커피를 마시는 모든 사람들은 커피를 통해서 서로 말을 하고 감정을 공유하고 그래서 가족이 되는 거예요.”

2014년, 로뚜뚜 마을은 큰 변화가 있었다.

드디어 9개 마을 소그룹이 완성되어 YMCA공동가공장이 아닌 각 각의 마을에서 마을 커피를 생산해냈다. 채집부터 가공까지 마을 그룹의 작품이 되었다는 이야기다.

물론 많은 어려움도 있었지만 서로 서로를 믿고 의지하고 이렇게 또 한 걸음을 걸어왔다.

마을에서의 기쁨을 뒤로 한 채, 2014년의 최대 고비와 위기는 그린빈 핸드솔팅 작업!

YMCA가 고대 하고 고대하던 그린빈 가공장을 수도 딜리에 만들어내고 그린빈 작업까지는 마을 사람들과 만들어내었지만 맛있고 예쁜 콩들만을 골라내는 솔팅 작업에 마을사람들이 참여하기가 어려웠다. 지금까지 해왔던 것처럼 그 콩들을 다시 마을로 가지고 들어가기가 도로사정상 어려웠기 때문이다.

현지 생산자 관리 담당 간사님들과 상의하고 고민한 끝에 용기를 내어 마을 사람들이 아닌 딜리에 있는 아줌마 부대와 함께 솔팅 작업을 해보기로 했다. 아직까지 동티모르는 다른 지역 사람들과 낯선 사람들을 두려워하고 어려워하기 때문에 큰 용기가 필요했다.

30여 명의 아줌마 부대가 모인 날, 현지 간사님들은 이 여성들이 부끄럽고 낯설어서 얼굴도 마주 못하신다. 에고…, 큰일이다. 솔팅 작업 교육해야 하는데…. 그래도 우리 조디 간사님께서 아줌마 부대를 마주하여 핸드솔팅 교육을 하시고 드디어 시작!!

반나절 만에 SOS가 왔다.

아줌마 부대의 솔팅 작업이 마을에서와의 작업과 비교해 정교하지 못한데 누구도 아줌마 부대와 맞서지 못하겠다는 이야기다. 오 마이 갓!

아줌마들을 마주하니 현지 간사님들의 마음을 이해하게 되었다. 솔직하게 나도 너무 무서웠다. 아이고. 이 내공 강하고 거친 입담을 어떻게 상대하지…. 우선 아줌마들의 작업을 중단시키고 함께 동그랗게 모여 앉았다. 아주머니들은 외국인 여자가 무슨 말을 하려나 호기심 반, 눈총 반으로 모이셨다.

"보따르데" 하고 인사하자 까르르 웃음이 터진다. 어설픈 발음이 웃긴가…. 아, 어떻게 말을 이어가야 하지? 갑자기 머리가 하얗게 변한다.

"커피가 뭐라고 생각하세요?"라고 묻자 이상한 질문이란 듯이 웅웅거린다.

"돈이지."

"마시는 거지."

"…."

겨우 몇 분이 호응을 해주신다.

"저는 삶이라고 생각해요."

이렇게 답하자 '이게 무슨 개뼈다귀 같은 소리지?' 하는 눈초리로 쳐다본다.

"왜냐면, 돈도 마시는 것도 또 이 커피 때문에 이렇게 우리가 마주 하고 있는 것도 다 우리의 삶이니까요."

아주머니들이 좀 조용해지는 눈치다. '옳지!' 하며 말을 이어갔다.

"이 커피는 로뚜뚜 마을에서 로뚜뚜 마을 사람들이 만들어낸 커피입니다. 그 분들에게는 이 커피가 삶의 전부예요. 커피를 생산해서 밥 먹고, 옷 입고, 아이들이 학교도 가고, 웃고 울 수 있거든요. 그래서 우리 마을 사람들은 이 커피 한 알, 한 알을 정말 소중하게 생각해요."

우리 아줌마 부대들이 숙연해진다. 그때 한 아줌마가 "그런데 너 테툼어 좀 틀렸다"고 하는 것이다. 일순간 다시 까르르 웃음이 터진다. 나는 부끄러운 듯이 말을 이어갔다.

"대부분의 커피가 그냥 만들어서 누가 마시는지 우리가 알 수 없지만, 이 커피는 누가 생산해서 어떤 사람들이 마시는지 서로 서로 알아가는 커피예요. 그래서 이 커피를 만들어내는 모든 사람과 이 커피를 마시는 모든 사람들은 커피를 통해서 서로 말을 하고 감정을 공유하고 그래서 가족이 되는 거예요. 오늘 여기 오신 분들도 이제 이 커피를 만졌으니 우리 가족이에요. 더 이상 남의 커피를 내가 돈 벌기 위해서 그냥 만지는 것이 아니라 커피 속에 담긴 많은 사람들과 관계를 맺은 거지요. 물론 커피는 돈이죠. 그런데 우리는 돈이 우리 삶이 전부가 아니라 삶을 위해 돈을 버는 거고 거기서 만난 사람들을 다 소중하게 생각해야 해요. 이게 우리가 지금 만지고 있는 피스커피입니다."

짝짝짝! 박수가 터지고 아줌마들이 웃는다.

"그런데 간식 안 줘? 나 배고파!"

다시 까르르!

"네. 우리 간식 먹고 다시 피스커피 함께 만들어요."

현지 간사님들이 달려가신다, 바나나 튀김을 사러.

그 후 2주일 동안의 솔팅 작업.

현지 간사님들은 여전히 아줌마 부대들이 부담스럽고 아줌마들은 여전히 거칠지만 "피스커피입니다"라고 속삭이면 "알았어, 알았어!" 하며 웃는다.

딜리 곳곳에서 모인 아줌마 부대는 우리의 또 다른 마을이고 공동체가 되었다.

곳곳에서 "아따, 커피 예쁘다"라는 소리도 간간히 들린다.

솔팅 작업이 끝나고 아줌마 부대가 집으로 돌아가면서 "또 불러!" 하신다.

우리는 이렇게 새로운 고비를 넘어가고 새로운 사람들 만나고 피스커피 가족이 더 많이 생겨났다. 맛있는 커피를 마대에 담아 드디어 컨테이너에 담고, 세관과 검역을 거쳐 배가 출항했다. 한국에서 피스커피를 기다리는 사람들을 위해 오늘도 태평양을 열심히 항해하고 있는 피스커피.

커피를 구워내는 그린빈 가공장

그린빈 가공장은

사메 지역의 소그룹 가공장에서 1차 가공된 커피 파치먼트를 2차로 가공하여 수출하는 단계인 그린빈으로 가공하는 장소이다. 이 그린빈 가공장은 본 사업에 있어 매우 중요한 요소이다. 한국YMCA전국연맹은 2013년까지 사메 지역에서 가공한 파치먼트를 딜리시의 타 업체에 비용을 지불하고 그린빈으로 가공했다. 따라서 수년간 자체 그린빈 가공장의 건립에 대한 필요성이 크게 제기되었다. 그린빈 가공장의 건립으로 〈그림5-1〉과 같이 '커피 레드체리 생산→파치먼트 가공→그린빈 가공→커피 수출'이라는 커피 가치사슬이 완성됐고, 효율적이고 효과적인 사업수행에 크게 기여했다.

〈그림5-1〉 사회적기업 피스커피 조직도

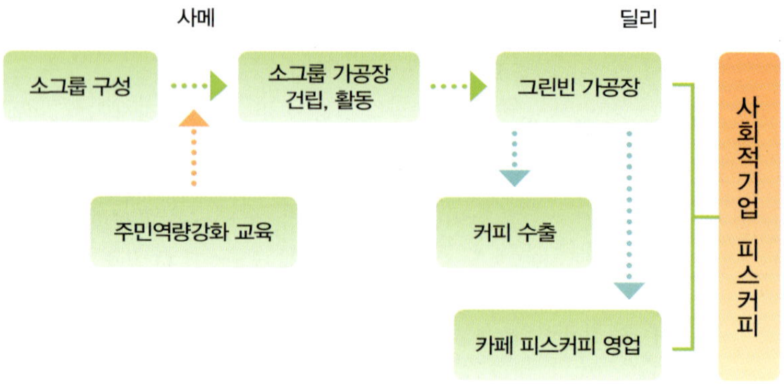

그린빈 가공장 건립을 위해 2013년 8월 건축 공사와 기계설비 구입을 시작했고, 11월 그린빈 가공장 건설 완료 및 기계 설치, 직원 선발 및 교육을 완료하여 운영을 시작했다. 그린빈 가공장은 2014년에 1월 파치먼트 23톤, 3월 파치먼트 18톤을 그린빈으로 가공했을 뿐만 아니라 12월에는 다른 소규모 커피회사의 파치먼트 119톤을 가공해 소득을 만들어내었다.

〈사진5-1〉 그린빈 가공장

활동가 이야기

"그린빈 가공장 짓는 사람들"

한국YMCA전국연맹 김승창

2014년에는 그린빈 가공장의 추가 건설 자재 구매와 예산을 맡게 되었습니다. 집을 짓는 일을 직접 하지는 않지만 건축이라는 일 자체가 낯설었기에 불안한 출발을 했습니다. 처음 건물의 터와 방향이 골라지고 다음날부터 바로 시작된 기초공사를 눈으로 보면서도 막상 시작한다는 마음이 선뜻 들지는 않았습니다.

공사가 시작한 후 곧이어 필요한 자재들과 영수증들이 하나둘씩 늘어나고, 엑셀에 적어놓은 숫자를 몇 번이고 확인하며 하루를 정리하게 되었습니다. 매일 공사현장을 보면서 처음에는 한 층이 높아지는 벽들, 그리고 모래와 시멘트 섞어가며 먼지 날리는 모습들이 눈에 먼저 들어왔습니다. 자재 구매와 예산 정리를 제외하고는 막상 제 두 손으로 할 수 있는 일이 많지는 않았기에 돈 숫자와 건물 올라가는 일이 더 중요했습니다.

그리고 매일 가공장을 찾아가며, 조금씩 건물의 배경이었던 아저씨들 한 명 한 명이 눈에 들어왔습니다. 매일 문을 열어주는 아저씨, 기둥 위에서 미장하는 아저씨, 아침 준비하며 커피 내리는 아저씨 등 가공장에서 일을 하고 있는 아저씨들, 그리고 건설 기간 동안 고용된 아저씨들이 함께 하며 얼굴 붉히는 일 한번 없이 서로 눈 마주쳐 웃어가며 일하였습니다.

특히나 이번 공사를 담당하였던 티누 아저씨는 가공장 아저씨들에게 철근 다듬는 방법, 톱 가는 방법 하나까지 알려주며 일을 시키기보다 함께 일하고 가르치며 참 친절히도 알려주는 넉넉한 분이셨습니다. 자재 하나를 골라도 더 싼 물건이 없는지 똑같은 물건을 세 곳 네 곳 가게를 더 찾아 다니셨고 아무것도 모르는 저에게도 어떻게 건물이 지어지는 늘 설명해주었습니다.

돌이켜보면 비슷한 바닥타일을 찾으려 며칠을 헤매었던 일들, 그리고 트럭 뒤에 시멘트포대, 나무판 등이 개수대로 실리는지 하나하나 헤아리는 것도 다 추억이 되었습니다. 에어컨 나오는 차를 타고 다니면 그만인 일을 인상 써가며 했던 날에는, 자재 사들고 다시 돌아간 가공장 건설 현장에서 뜨거운 날 땀 흘리는 아저씨들에게 미안한 마음도 들었습니다.

시간은 금방 흘러가 못났던 시멘트벽에 하얀 페인트가 칠해졌고 자갈밭 바닥에는 고운 타일이 깔렸습니다. 목공소에 주문해놓았던 문과 창은 매끈하게 니스칠 되어졌고, 티누 아저씨와 함께 골라온 빨간 지붕이 올라가 예쁜 집이 되었습니다. 이 예쁜 집에 커피가 구워지는 방, 사무실 방, 가공장 아저씨들이 쉴 수 있는 방이 생겨났습니다. 가공장이 세워지는 동안 영수증 밖에 셀 줄 모르던 저도 많이 배우게 되었습니다.

청년들의 소통 문화공간, 카페 피스커피

커피가

수출품목의 절대비중을 차지하고 많은 인구가 커피를 생산하는 동티모르이지만, 외국인들이 이용하는 호텔이나 카페에서 대부분 커피가 비싼 가격으로 유통되며 일반적인 동티모르 시민들은 카페 문화와 거리가 있다. 이에 본 사업은 동티모르에서 찾아볼 수 없는 '공간을 통한 청년 문화 운동'이라는 콘셉트로 카페 피스커피를 설립했다. 이후 2013년 상반기 현지 청년들의 선호도 조사, 카페 마케팅 조사 등 기본적인 차원의 조사를 실시해서 10월 딜리시 대학가인 콜메라 지역에서 공간을 확보한 후 10~12월 석 달 동안 내부 인테리어 및 직원 선발, 기계설비 설치 등의 작업 후 2013년 12월 약 1개월간의 시험 운영을 거쳐 2014년 1월 15일 정식 영업을 시작했다.

동티모르 내에서는 체계적인 바리스타 훈련 과정이 없으므로, 한국YMCA전국연맹 내의 커피 사회적기업의 전문가 2인(한국 카페티모르 차장 정창효, 부장 정준동)이 12월 7일부터 19일까지 2주 일정

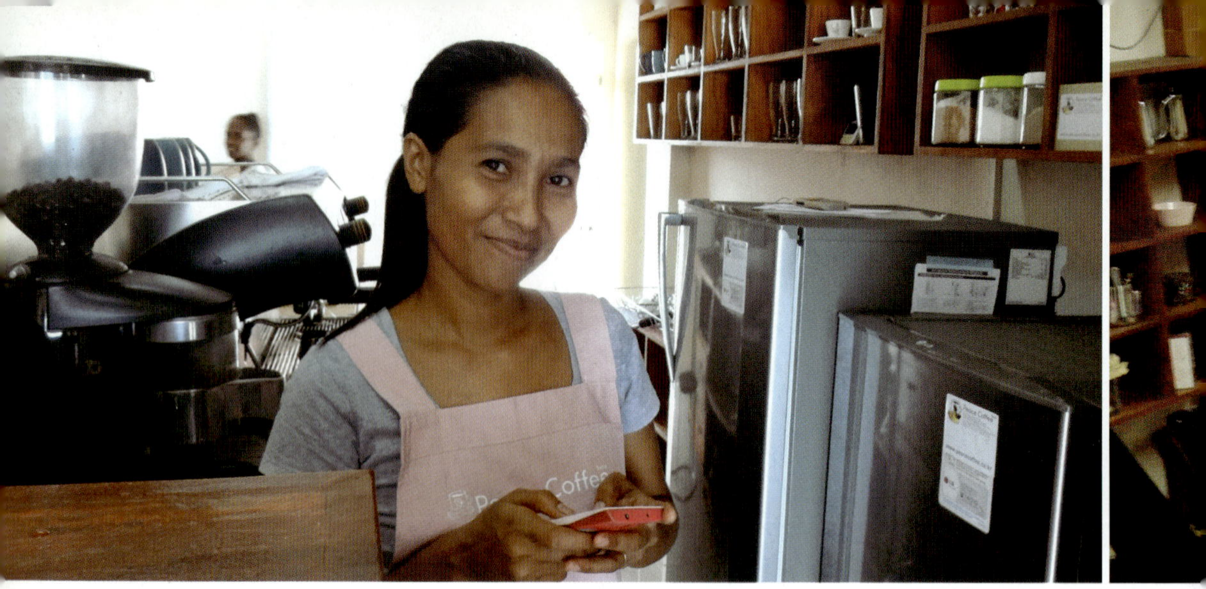

〈사진5-2〉 카페 피스커피

으로 사업을 위해 동티모르에 파견되어 바리스타 교육을 진행했고 한국인 현지 팀원과 선발된 카페 직원 및 관심 있는 현지인들을 대상으로 총 2차례 22명이 교육을 받았다.

카페 피스커피는 동티모르에서 찾아볼 수 없는 '동티모르인을 위한 문화공간'으로 음료 가격을 현지 물가를 고려해 책정, 대학생 및 직장인들이 쉽게 찾을 수 있도록 하였다. 저렴한 가격과 퀄리티 있는 맛으로 현재 동티모르 현지인들이 자주 이용하는 공간으로 현지에서 명물로 자리 잡고 있고 1월부터 12월까지 총 25,751.25 달러의 매출을 발생했다. 또한 카페 피스커피는 5~8월, 2층 공간을 필리핀 선교사 모임, 보건 교육, 세미나, 영어 교육 스터디 등 현지인 그룹에 15회 대여하고, 9월 19일부터 10월 30일까지 임의진 그림전시회 〈Traveling boy〉를 기획하여 지역사회가 문화를 향유할 수 있는 기회를 제공했다.

활동가 이야기

"문화를 만드는 공간, 피스커피"

경희대학교 공공대학원 서민정

한국에서 동티모르 피스커피로 파견되면서 제가 맡은 역할은 카페 운영을 시작하는 데 필요한 세부적인 사항들을 함께 조율하고 고객들과 함께 소통할 수 있는 공간 조성을 위한 아이디어를 같이 공유하는 것이었습니다. 현지 팀원들과 함께 일하면서 다양한 고객들과 소통하는 것은 하루하루 즐거운 일이었습니다. 일하는 틈틈이 무엇이 불편하고, 어떤 부분을 개선하면 좋을지에 대해 현지어로 소통하면서 자연스럽게 테툼어도 익숙해졌을 뿐 아니라, 현지 생활에 적응해 나가는 데도 큰 도움이 되었습니다.

처음 한 달 정도 같이 일을 하면서 고민했던 가장 큰 문제점은 카페 피스커피의 취지를 어떻게 살려 나갈 수 있을까에 대한 것이었습니다. 동티모르로 파견되기 전 OT를 통해 카페 피스커피는 내수시장 활성화와 더불어 무역사슬의 1차 공급자에 해당하는 현지인들에게도 그들이 생산하는 커피가 얼마나 가치 있게 사용되는지 알 수 있게 하자는 것이라는 것을 알았습니다. 그때는 이 말이 어떤 의미가 있는지 전부 이해하지 못했습니다. 그러나 생산지에 와서 보니, 우리에게 친숙한 음료인 커피가 현지인에게는 정말 삶의 수단일 뿐이었습니다. 이곳 동티모르에 있는 카페의 주고객은 외국인이었고, 현지인들을 위한 쉼터, 혹은 문화공간이라는 의미 자체가 생소했습니다. 커피뿐 아니라 개발도상국에서 생산되는 원자재 등이 생산자들에게 얼마나 큰 진입 장벽으로 존재하는지 실감할 수 있는 부분이었습니다.

이러한 모순들을 친숙한 문화공간이라는 개념을 통해 조금씩이나마 극복해 나가자는 의미에서 시작한 활동인 만큼 현지인들에게 편안한 공간으로 사용될 수 있도록 현지에서 조달한 물품들을 중심으로 공간을 꾸미고, 카페를 찾는 다양한 부류의 고객들에게 이러한 취지에 대해 설명하고 홍보하였습니다. 이러한 활동들 하나하나가 작지만 의미 있는 것들이라고 여겼고, 그로 인해 외국인들이 주를 이루었던 초기의 고객들이 점점 주변의 관공서 직원들, 그리고 주변 대학교를 다니는 학생들로 채워져갔습니다. 공정무역에 대한 진정한 의미를 이해하고 연결고리를 찾아가려는 현지 간사님들의 노력이 있었기에 변화를 이루어 낼 수 있었습니다.

이러한 고민은 저뿐 아니라 현장에서 일하고 계시는 모든 활동가들이 한 번쯤 겪었을 고민이라고 생각합니다. 현장에서 겪는 고민은 혼자만의 것이 아닌 함께 고민하고 풀어나가야 하는 것들이 대부분이라고 생각합니다. 작다면 작다고 할 수 있는 일이지만, 큰 변화를 기대하기 보다는 작은 부분부터 바꾸어 나가는 자세가 필요하다는 것을 배울 수 있는 소중한 경험이었습니다.

06

청년들이 사메로 돌아오다

사업 성과

어떤 변화를 어떻게 찾아야 할까?
– 평가 개요

경희대 국제개발협력연구센터와

한국YMCA전국연맹은 2014년 10월 한 달간 동티모르현지에서 사업평가를 실시했다. 이 평가는 2013~2014년을 포함해 2005년부터 진행된 전체 사업의 중간평가(formative evaluation)성격으로 그 동안의 사업의 성과를 평가해 그 결과를 향후 성공적인 사업수행을 위해 작업에 반영하는 학습효과와 오랜 기간 사업에 참여한 동티모르 현지 파트너들에게 사업의 성과를 공유하여 책무성을 제고하는 의미를 가졌다.

이번 평가의 성격은 2006년부터 시작된 프로그램의 중간평가이자 2013~2014년 사업의 결과평가로 사업의 성과를 평가해 이해관계자에 대한 책무성을 제고하고 학습효과를 도출해 이후 사업효과성 제고에 기여하는 것을 목적으로 진행됐다. 그리고 지난 2년간의 사업에 대한 현지 지역주민들의 반응을 청취하고, 평가과정에서 현지인 직원들의 역량을 강화하는 것도 평가의 주요 목적이었다. 이번 평가는 사업의 단기성과(Immediate Outcome)에 초점을 맞추어 진행됐다. 그 이유는 사업이 본격적으로 시작된 해가 2013년으로 사업의 중기성과(Intermediate Outcomes)와 영향(Impact)을 평가하기에는 너무 짧기 때문이다.

〈표6-1〉는 2014년 10월 추진된 사업평가의 내용을 소개한다. 평가는 2014년 10월 한 달 동안 추진됐으며, 경희대학교 국제개발협력연구 센터에 의해 기획되고, 한국YMCA전국연맹 동티모르 사무소의 한국인 직원들과 사메 지역의 현지인 직원들에 이해 진행되었다. 특별히 로뚜뚜과 가브라키 마을에서의 평가는 현지인 직원에 의해 주도적으로 진행되어 직원역량강화로서의 의미도 가졌다. 평가 대상은 사메 지역의 로뚜뚜 마을과 가브라키 마을 소그룹 멤버 45명과 딜리의 사회적기업 피스커피의 직원 9명이다. 평가를 위해 활용된 방법으로는 설문조사, 개별 인터뷰, 문헌조사 및 그룹 인터뷰가 있다.

〈표6-1〉 사업평가 개요

제목	내용
평가기간	• 2014년 10월 1일~30일
평가주체	• 경희대 국제개발협력연구센터 • 한국YMCA전국연맹 동티모르 사무소 및 사메 지역 현지 직원
평가대상	• 사메 소그룹 멤버 45명 • 딜리의 사회적기업 피스커피 직원
평가방법	• 인터뷰 • 설문조사 • 문헌조사 • 그룹 인터뷰

함께 만들었던 변화들
– 평가 결과

본 평가는

변화이론을 통해 구성된 사업의 4개의 단기성과인 의식의 변화, 지식과 기술의 변화, 소득증대, 사회적 기여를 확인하는 방식으로 진행됐다. 그리고 〈표6-2〉와 같이, 단기성과와 중기성과의 연계, 지속가능성, 파트너십이라는 핵심주제를 추가하여 보다 종합적으로 평가했다. 핵심평가 질문 2, 3, 4에 대한 평가결과는 향후 사업 수행에 중요한 방향을 제시할 것이다.

〈표6-2〉 2014년 사업평가의 핵심질문

핵심평가 질문	내용
핵심평가질문 1. 〈변화〉	• 이 사업은 수혜자의 의식, 행동, 지식 및 기술, 소득수준의 변화를 가져왔는가?
핵심평가질문 2. 〈기획〉	• 사업의 기획(PDM)에 따라 단기성과는 중기성과와 논리적으로 연계되었는가?
핵심평가질문 3. 〈지속가능성〉	• 사회적기업 피스커피의 운영은 지속가능한가?
핵심평가질문 4. 〈파트너십〉	• 대학과의 협력은 사업에 차별화를 가져왔는가?

핵심평가 질문 1 : 변화

이 사업은 수혜자의 의식, 행동, 지식 및 기술, 소득수준의 변화를 가져왔는가?

평가팀은 사메 지역 소그룹 구성원들의 변화를 평가하기 위해 의식, 행동, 지식 및 기술 그리고 소득수준의 변화를 측정했다.

1) 의식변화

평가팀은 지난 2년간의 사업수행을 통한 지역주민들의 의식 변화를 측정하기 위해 삶에 대한 기대, 협동심, 자발성 등 3가지 내용을 지표로 구성했다. 평가 결과를 하나씩 살펴보면 다음과 같다.

세부 평가질문	실제 평가질문
1-1. 소그룹 구성원의 의식의 변화가 있었는가?	1-1-1. 소그룹에 참여한 이후 앞으로 더 나은(좋은) 삶을 살 수 있다는 기대가 증대되었는가?
	1-1-2. 소그룹 커피가공 외 다른 마을 일을 하게 될 경우 현재의 소그룹 멤버들과 같이 하겠는가?
	1-1-3. 소그룹 회의 참여가 증대하였는가?

● 삶에 대한 기대

사업지역 주민들의 삶에 대한 기대를 파악하기 위해 연구팀은 '소그룹에 참여한 이후 앞으로 더 나은(좋은) 삶을 살 수 있다는 기대가 증대되었는가?'라고 질문했다. 이에 대해 '그렇다'라고 대답한 사람이 전체 응답자 45명의 91.2%인 41명이고, '보통이다'라고 답한 사람은 3명(6.6%), '아니다'라고 부정적인 대답을 한 사람은 1명(2.2%)이다. 즉, 전반적으로 본 사업을 통해 삶에 대한 기대가 증대되었다고 답을 했다. 긍정적인 답변을 한 내용을 구체적으로 보면 다음과 같다.

> "수입이 생기기 시작하면서 내년 지출 계획(자녀 학업, 가계 등)을 세울 수 있게 되었다."
>
> "더 좋은 가격으로 커피를 팔게 되어 전보다 다양한 지출 계획을 세울 수 있게 되었다."
>
> "그룹에서 그룹원으로 함께 일을 하면서 몇 년 후에 그룹의 가공능력이나 수익이 더 성장할 수 있다는 기대가 있다."

● 협동심

평가팀은 사업 참여 주민들의 '협동심'의 변화를 파악하기 위해 '소그룹 커피가공 외 다른 마을 일을 하게 될 경우 현재의 소그룹 멤버들과 같이 하겠는가?'라는 질문을 제시했다. 이에 대해 그렇다고 답한 사람은 43명(94.6%), 아니다는 1명(2.2%), 잘 모르겠다는 1명(2.2%)이다. 그렇다고 긍정적인 답을 한 사람들 및 부정적인 내용의 답을 주민들은 다음과 같은 의견을 전했다.

〈그렇다〉
"마을과 그룹은 분리하여 생각할 수 없다. 내가 요청하면 다른 그룹원들이 함께 할 것이라는 믿음이 있다."

〈아니다〉
"다들 개인적인 일로 바쁘다고 느낀다."

● 자발성

소그룹 구성원들의 의식의 변화를 측정하기 위한 셋째 지표는 '자발성'이다. 이를 파악하기 위해 제시한 '소그룹 회의 참여가 증대하였는가?'라는 질문에 대한 내용을 파악하기 위해 생산자소그룹의 회의록을 점검했다. 전체 소그룹원이 참여하는 회의는 1년에 3회인데 이때는 소그룹 구성원들의 약 50% 정도가 참여했고, 각 소그룹별 회의에 소그룹원의 참여는 100%에 가까운 것으로 파악됐다.

2) 행동의 변화

세부 평가질문	실제 평가질문
1-2. 소그룹 구성원의 행동에 변화가 있었는가?	1-2-1. 소그룹에 참여한 이후 마을 공동의 일에 더 열심히, 많이 참석하게 되었는가?

연구팀은 소그룹 구성원의 행동의 변화를 파악하기 위해 '소그룹에 참여한 이후 마을 공동의 일에 더 열심히, 많이 참석하게 되었는가?'라는 질문을 제시했다. 이에 대해 그렇다 41명(91.2%), 아니다 3명(6.6%), 잘 모르겠다 1명(2.2%)라는 결과가 나왔다. 아래 내용은 질문에 대한 소그룹 구성원들의 의견을 보여준다.

〈그렇다〉
"그룹의 일원으로 마을 대소사에 앞장 설 동기가 충분히 생겼다."

〈아니다〉
"소그룹이 생기기 전부터 마을 일에 참여해왔다."

3) 지식의 변화

세부 평가질문	실제 평가질문
1-3. 소그룹 구성원의 지식 측면에 어떤 변화가 있었는가?	1-3-1. 소그룹에 참여한 이후 소그룹 운영에 대해 새로 배운 것은 무엇인가?

연구팀은 소그룹 구성원의 지식 측면의 변화를 측정하기 위해 '소그룹에 참여한 이후 소그룹 운영에 대해 새로 배운 것은 무엇인가?'라는 질문을 했다. 이에 대해 응답자들은 관리 부분에서는 재정 관리, 문서, 작성(통계), 재고관리, 회계관리, 조직운영을 이야기했고, 운영 부분에서는 협동, 신뢰, 민주적 의사결정에 대한 지식을 얻었다고 답했다.

4) 기술의 변화

세부 평가질문	실제 평가질문
1-4. 소그룹 구성원의 기술적 측면에 어떤 변화가 있었는가?	1-4-1. 소그룹 참여 이후 파치먼트 가공에 대해 새로 배운 기술은 무엇인가?
	1-4-2. 새로 배운 가공기술은 많이 사용하는가?

평가팀은 사업을 통한 소그룹 구성원들의 기술에 어떤 변화가 있는지를 측정하고자 '소그룹 참여 이후 파치먼트 가공에 대해 새로 배운 기술은 무엇인가?'라는 질문을 제시했다. 이에 대해 소그룹 구성원들은 파치먼트 가공방법, 커피기계관리, 커피 품질관리, 커피수매 및 커피 세척, 핸드피킹, 과육 제거, 무게 측정 방법, 건조 등 기술들을 새로 배웠다고 대답했다.

5) 소득수준의 변화

세부 평가질문	실제 평가질문
1-5. 소그룹 구성원의 소득 수준에 변화가 있었는가?	1-5-1. 소그룹 참여 이후 (월별 혹은 연간) 소득이 개인적으로 일할 때보다 증대되었는가?

사메 지역의 생산자소그룹 구성원들의 소득 수준에 변화가 있었는가를 측정하기 위해서 '소그룹 참여 이후 (월별 혹은 연간) 소득이 개인적으로 일할 때보다 증대되었는가?'라는 질문을 제시했다. 이에 대해 소득이 증대된 40명 중 17.5%인 7명이 소득이 100~150% 정도 증대했다고 답했다. 그리고 8명(20%)가 150~200% 정도, 6명(15%)이 200~300%, 5명(12.5%)이 300% 이상 소득이 증대했다고 답했다. 전체의 35%인 14명은 소득이 증대했으나 정확한 통계를 모른다고 대답했다. 이와 같은 대답 결과는 생산자소그룹 구성 이전에는 주민들은 커피 레드체리를 상황에 따라 채집해 판매했으나 본 사업 이후에는 파치먼트를 판매함으로 레드체리 수집도 예측이 가능한 상태로 소득 집계를 체계적으로 하게 된 결과이다. 따라서 소그룹원 이외의 마을주민들의 소득도 증대되는 결과를 가져왔다고 할 수 있다.

〈그림6-1〉 사메 지역 소그룹 구성원의 소득증대 결과

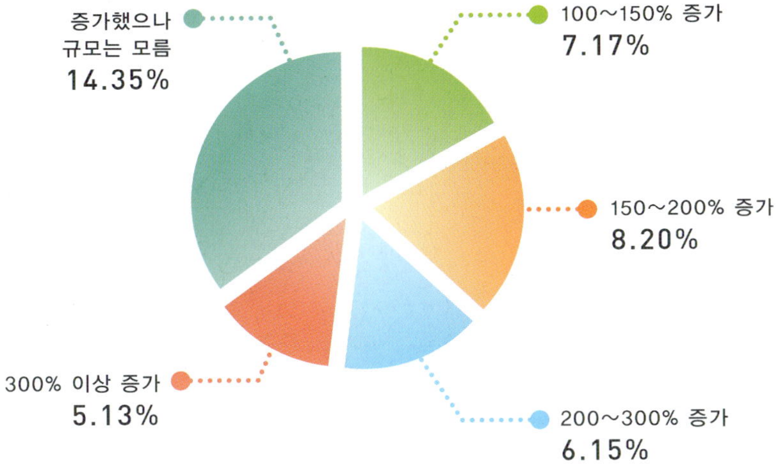

6) 커피 레드체리 판매 규모

세부 평가질문	실제 평가질문
1-6. 소그룹 참여 이후 개인의 커피 레드체리 판매 규모 차이가 있는가?	1-6-1. 소그룹 참여 이후 개인적으로 일할 때보다 커피 레드체리 판매 규모가 많이 늘었는가?

소그룹 참여 이후 개인의 커피 레드체리 판매규모의 변화를 파악하기 위해 ‘ 소그룹 참여 이후 개인적으로 일할 때보다 커피 레드체리 판매 규모가 많이 늘었는가?’라는 질문을 제시했다. 이에 대해 45명 중 97.8%인 44명이 ‘그렇다’라고 긍정적인 대답을 했다.

아래는 커피 레드체리 판매 규모 증대에 대한 구체적인 내용을 보여준다.

"소그룹 참여 이후 분업화를 통해 시간 단축, 가공 수량이 증가됐다. 그룹으로 커피를 파는 커뮤니티 사람들의 커피 수매로 개인적으로 일 할 때 보다 그룹에서 더 많은 양을 가공하게 됐다."

7) 소그룹 간 파치먼트 생산량 차이

세부 평가질문	실제 평가질문
1-7. 소그룹 간 생산량에 차이가 있는가?	1-7-1. 소그룹 월(혹은 연) 생산량은 얼마인가?

사메 지역의 9개 생산자소그룹 간 파치먼트 생산량의 차이가 있을까? 이 질문에 대해 〈그림6-2〉는 아래와 같은 결과를 보여준다.

이와 같은 차이를 보이는 이유는 주로 소그룹이 위치한 지리적 위치에서 기인한다. 루수프레마 소그룹이 파치먼트 가공량이 큰 이유는 지리적으로 6개 소그룹이 로뚜뚜 마을에 위치했으나 루수프레마 마을은 로뚜뚜가 아닌 타 마을에 위치했으므로 해당 마을의 레드체리가 집중되기 때문이다. 아이살라 소그룹도 가브라키 마을에 있으므로 해당 지역의 레드체리 수매, 파치먼트 가공량이 집중

됐다. 로뚜뚜 마을의 소그룹 가공장 중 하우바, 학빗 가공장의 레드 체리 수매, 파치먼트 가공량이 큰 이유는 지리적으로 가공장이 위치한 곳이 커피나무가 많은 지역이기 때문이다. 하일랄은 소그룹 가공장 작업을 늦게 시작했기 때문에 가공량이 적다.

〈그림6-2〉 2014년 사메 지역 9개 생산자소그룹의 파치먼트 생산량 비교

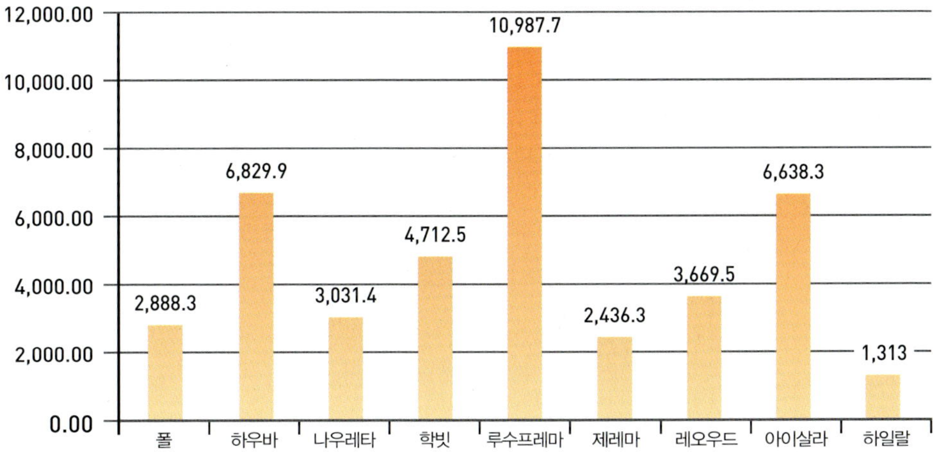

8) 소그룹에 대한 만족도

세부 평가질문	실제 평가질문
1-8. 현재의 소그룹은 추천할 만한가?	1-8-1. 당신은 예전으로 돌아간다면 현재의 소그룹에 다시 지원하겠는가?

생산자소그룹에 대한 만족도를 파악하기 위해 '당신은 예전으로 돌아간다면 현재의 소그룹에 다시 지원하겠는가?'라는 질문을 제시했다. 이 대해 45명 중 92.4%인 42명이 그렇다는 답을 했다. 그 이유로는 다음과 같은 내용이 제시됐다.

"협동해서 일하면 능률이 오르고, 참여를 통해 즐거움 느꼈다. 개인적으로 파치먼트를 판매하는 것 보다 수익이 더 늘었다."

"커피를 가공하는 것뿐만 아니라 그룹 운영에 대해 새로운 것들(조직 운영)을 배울 수 있다."

"소그룹의 가공장을 만들면 비시즌에 커피외의 다른 활동도 함께 할 수 있는 공간이 생겨서, 가공장을 거점으로 많은 활동을 할 수 있다."

9) 소그룹의 미래에 대한 의견

세부 평가질문	실제 평가질문
1-9. 향후 소그룹이 어떤 형태로 발전하면 좋겠는가?	1-9-1. 당신은 앞으로 로뚜뚜 마을에서 소그룹이 어떻게 발전하면 좋겠는가?

생산자소그룹의 향후 미래에 대한 구성원들의 의견을 파악하고자 소그룹이 구성되어 활동한지 2년이 되는 로뚜뚜 마을의 소그룹 구성원들에게 '소그룹이 어떤 형태로 발전하면 좋겠는가?'라는 질문을 했다. 이에 대해 〈그림6-3〉과 같이 '현재 방식 유지'를 23명(50.6%)이 선택했다. 그 이유로는 "판로를 직접 찾기가 힘들고, 가격 안정성을 고려하기 때문이다"라는 답이 나왔다. 그리고 YMCA 지부 설립을 10명(22%)가 선택했다. 그 이유로는 "지부를 설립하여 자생적 운영을 기대한다"라는 내용이 제시됐다. 그리고 10명(22%)이 "주민들의 자발적 참여를 통한 지역발전을 기대한다"라며 '마을협동조합'을 선택했고, '독립 NGO 설립'을 2명(4.4%) 선택했다.

〈그림6-3〉 생산자소그룹의 미래에 대한 소그룹 구성원들의 생각

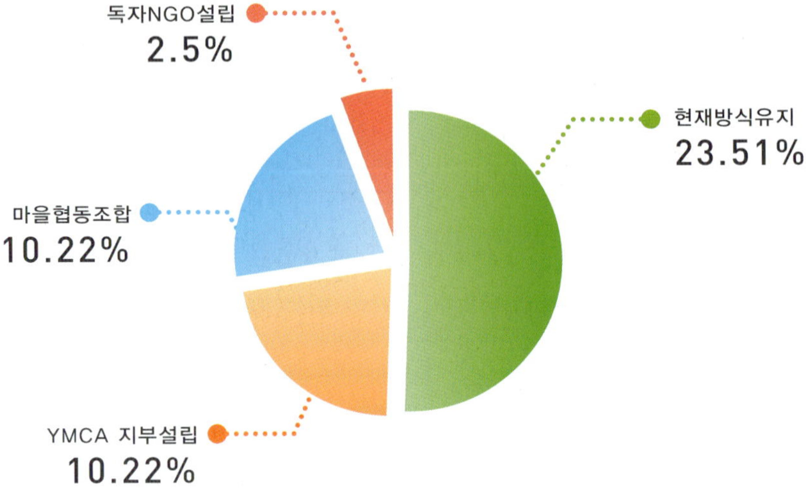

핵심평가질문 2 : 기획

사업의 기획(PDM)에 따라 단기성과는 중기성과와 논리적으로 연계되었는가? 핵심평가질문 2는 6개의 세부 질문으로 구성되어 있다. 이는 사회적기업 피스커피의 일자리 창출 및 적절한 일자리(decent work) 창출, 사회적 약자 고용, 직원들의 소득수준의 변화, 지역사회 공헌활동 및 공정무역 활성화 기여이다.

1) 일자리 창출

세부 평가질문	실제 평가질문
2-1. 사회적기업 피스커피는 일자리를 창출하였는가?	2-1-1. 일자리를 창출하였는가?

사회적기업 피스커피는 당초 25명의 일자리를 창출하는 것을 목표로 세웠으나 실제로는 92%인 23명의 일자리를 창출했다.

2) 적절한 일자리 창출

세부 평가질문	실제 평가질문
2-2. 사회적기업 피스커피의 적절한 일자리(decent work)를 창출 하였는가?	2-2-1. 적절한 일자리를 창출하였는가?

평가팀은 사회적기업 피스커피가 '적절한 일자리'를 창출하였는지를 파악하기 위해 퇴직률, 정규직과 비정규직 비율 그리고 정부가 규정한 각종 법적 혜택에 대해 질문했다. 각 항목에 대해 당초 퇴직률은 목표가 10%였으나 결과는 0%이며, 23명의 직원 중 정규직은 52%인 12명, 경비 등 기간제인 계약직은 48%인 11명으로 산출됐다. 그리고 정부가 법적으로 정한 최저임금, 연금, 퇴직금, 휴

가의 혜택은 100% 추진됐다.

3) 사회적기업으로서의 사회적 기여

세부 평가질문	실제 평가질문
2-3. 사회적기업 피스커피의 사회적 약자를 고용하였는가?	2-3-1. 사회적 약자를 고용하였는가?

평가팀은 사회적기업인 피스커피의 사회적 기여를 측정하기 위해 사회적 약자고용비율을 지표로 설정했다. 사회적 약자는 편부모가정, 가족 중 유일한 개인소득자, 학비 자가 부담자로 규정했다. 당초 목표는 전 직원의 25%를 사회적 약자로 채용하는 것이었는데 결과는 전체 직원 23명의 70%인 16명이 사회적 약자였다.

4) 직원들의 소득변화

세부 평가질문	실제 평가질문
2-4. 사회적기업 피스커피 직원들의 소득수준에 변화가 발생하였는가?	2-4-1. 직원들의 소득수준에 변화가 발생 하였는가?

평가팀은 '사회적기업 피스커피 직원들의 소득수준에 변화가 발생하였는가?'라는 질문을 제시해 소득증대 여부를 파악했다. 당초 목표는 전체 직원의 30%를 설정했는데 결과는 42%의 직원이 소득에 변화가 있었다고 답했다.

5) 지역사회 공헌

세부 평가질문	실제 평가질문
2-5. 사회적기업 피스커피는 지역사회 공헌활동을 통해 사회적 경제기반을 구축할 준비가 되었는가?	2-5-1. 지역사회 공헌 활동을 통해 사회경제적 기반을 구축하였는가?

평가팀은 '사회적기업 피스커피는 지역사회 공헌활동을 통해 사회적 경제 기반을 구축할 준비가 되었는가?' 를 평가했다. 이를 파악하기 위한 지표로 순수익의 5%를 사회공헌하는 것으로 설정했다.

6) 공정무역의 활성화

세부 평가질문	실제 평가질문
2-6. 사회적기업 피스커피 운영으로 인해 공정무역은 활성화되었는가?	2-6-1. 운영으로 인해 공정무역은 활성화 되었는가? 2-6-2. 그린빈 가공장에 타 기관의 임가공 규모는 얼마인가?

평가팀은 사회적기업 피스커피 운영으로 인해 공정무역은 활성화되었는지를 평가했다. 이를 위해 설정한 지표는 두 가지인데 하나는 피스커피 수출 규모 변화이고 다른 하나는 다른NGO 임가공 규모이다. 첫째 지표에 대해서 실재 가공량은 32톤으로 목표치인 30톤의 107% 달성했고, 둘째는 일본NGO 파르시크의 그린빈 100톤을 임가공 했다.

핵심평가질문 3 : 지속가능성

사회적기업 피스커피의 운영은 지속가능한가? 핵심평가질문 3은 총 6개의 세부질문으로 구성되어 있으며, 그 내용은 직원고용의 안정성, 사회적기업 피스커피의 재정상태, 커피수출처의 확보, 임가공 수요처의 확보, 카페 피스커피의 매출 및 직원들의 운영역량이다.

1) 사회적기업 피스커피 운영의 지속가능성: 직원 고용의 안전성

세부 평가질문	실제 평가질문
3-1. 직원 고용의 안정성은 있는가?	3-1-1. 직원 수 감축계획 있는가? 3-1-2. 정규직의 비정규직 전환 계획이 있는가?

평가팀은 사회적기업 피스커피 운영의 지속가능성을 파악하기 위해 '직원고용의 안정성은 있는가?'라는 질문을 제시했고 이는 '직원 수 감축계획'과 '정규직의 비정규직 전환 계획 유무' 두 항목으로 판단했다. 이상의 두 세부 평가질문에 대해 피스커피는 '계획이 없음'이라고 밝혔다.

2) 사회적기업 피스커피 운영의 지속가능성: 재정적 상태

세부 평가질문	실제 평가질문
3-2. 재정적으로 적자인가?	3-2-1. 피스커피의 최근 6개월간 재정 상태는?

재정적 상태를 살펴보는 것은 피스커피 운영의 지속가능성을 파악하는데 도움을 준다. 이에 평가팀은 '피스커피의 최근 6개월간 재정 상태'를 파악했는데 100% 흑자임이 밝혀졌다.

3) 사회적기업 피스커피 운영의 지속가능성: 커피 수입처의 안정성

세부 평가질문	실제 평가질문
3-3. 커피 수출판매처는 안정적으로 확보되어 있는가?	3-3-1. 피스커피 수입처의 향후 커피수입 계획이 있는가?

평가팀은 커피 수출판매처의 안정적 확보 여부를 파악하기 위해 '피스커피 수입처의 향후 커피 수입 계획이 있는가?'를 질문했고 이에 대해 사회적기업 피스커피는 한국 피스커피와 10년 커피 수출을 계약할 계획이 있음을 밝혔다.

4) 사회적기업 피스커피 운영의 지속가능성: 임가공 수요처의 안정성

세부 평가질문	실제 평가질문
3-4. 임가공 수요처는 안정적인가?	3-4-1. 임가공 업체는 향후 몇 년까지 할 계획인가?

평가팀은 임가공 수요의 안전성을 파악하기 위해 '임가공 업체는 향후 몇 년까지 할 계획인가?'라고 질문했다. 이에 대해 사회적기업 피스커피는 일본NGO인 파르시크와 장기임가공 계약을 체결할 계획이 있음을 밝혔다.

5) 사회적기업 피스커피 운영의 지속가능성: 카페 피스커피의 매출 안정성

세부 평가질문	실제 평가질문
3-5. 카페 피스커피의 매출은 안정적인가?	3-5-1. 카페 피스커피의 지난 6개월간 매출규모는 지속적으로 증대했는가?

평가팀은 사회적기업 피스커피의 동티모르 국내 유통망인 카페 피스커피의 매출의 안전성을 파악하기 위해 '카페 피스커피의 지

난 6개월간 매출규모는 지속적으로 증대했는가?'를 질문했다. 이에 대한 지표로 지난 6개월(4~9월)간 매출 변동 여부를 파악했는데 〈그림 6-4〉과 같이 8~9월 공휴일의 여파로 약간의 차이가 있지만 1월부터 9월까지 지속적으로 증가했음을 알 수 있다.

〈그림6-4〉 카페 피스커피의 매출규모 변동

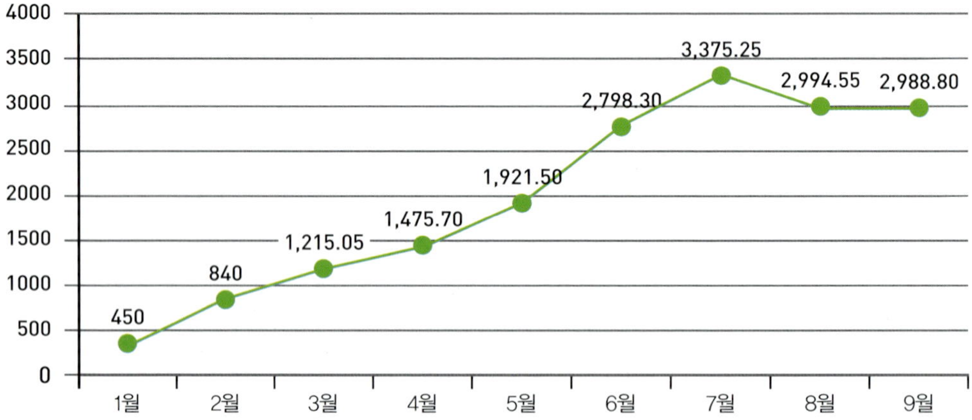

6) 사회적기업 피스커피 운영의 지속가능성: 피스커피 직원들의 역량

세부 평가질문	실제 평가질문
3-6. 피스커피 직원들은 운영에 필요한 역량을 가지고 있는가?	3-6-1. 피스커피 직원들은 해당 업무를 수행할 충분한 경력, 자격증을 가지고 있거나 교육을 받았는가?

평가팀은 사회적기업 피스커피 운영의 지속가능성을 파악하기 위해 '피스커피 직원들은 해당 업무를 수행할 충분한 경력, 자격증을 가지고 있거나 교육을 받았는가?'라고 질문했다. 이에 대해 사회적기업 피스커피는 일부 직원들에게 영어교육 기회를 제공했고, 카페 직원들에게 바리스타 교육 기회를 제공했음을 밝혔다. 또한 전체 직원 대상 연 1~2회 워크숍을 실시했으며, 직원 컴퓨터 교육 실시 및 직원 야간대학 교육비 지원을 했다고 대답했다.

핵심평가질문 4 : 파트너십

대학과의 협력은 사업에 차별화를 가져왔는가? 평가팀은 핵심평가질문 4를 통해 본 사업의 특징인 대학과 CSO의 파트너십의 차별성을 파악하고자 했다. 이에 본 파트에서는 대학과의 파트너십을 통한 사업 기획력 향상, 사업관리의 체계성 및 성과관리의 효율성, 대학과의 파트너십의 적절성에 대해 평가했다.

1) 사업 기획력 향상

세부 평가질문	실제 평가질문
4-1. 사업의 기획이 향상되었는가?	4-1-1. 사업 기획은 체계적으로 되었는가?

평가팀은 대학과의 파트너십을 통한 변화로 '사업의 기획의 향상'을 파악하고자 했다. 이를 위한 질문으로 '사업 기획은 체계적으로 되었는가?'를 제시했고, 이에 대한 지표로는 기획의 체계성(PDM, TOC, 성과관리 체계 프레임워크 활용)이 제시됐다. 이에 대해 한국 YMCA전국연맹 동티모르 사무소 책임자는 "경희대학과의 파트너십으로 실제 현지방문조사, PDM, TOC를 활용한 사업 기획과 성과관리 프레임워크 운영이 체계적으로 이루어졌다"고 대답했다.

2) 사업관리는 체계적 관리

세부 평가질문	실제 평가질문
4-2. 사업관리는 체계적으로 이루어졌는가?	4-2-1. 사업 모니터링은 체계적으로 이루어졌는가?

사업관리의 체계적 관리를 파악하기 위해 평가팀은 '사업모니터

링은 체계적으로 이루어졌는가?'를 질문했고, 이에 대한 지표로 '격주간 모니터링 점검표의 활용도'가 제시됐다. 평가 결과 격주간 모니터링 점검표가 실제 사업 모니터링에 활용되었음이 파악됐다.

3) 사업의 성과관리의 효과적 진행

세부 평가질문	실제 평가질문
4-3. 사업의 성과관리는 효과적으로 진행되었는가?	4-3-1. 사업의 평가 결과는 어떻게 얼마나 반영되는가?

평가팀은 '사업의 평가 결과는 어떻게 얼마나 반영되는가?'를 통해 성과관리의 효과성을 파악했다. 그 지표로는 평가결과의 반영 유무를 설정했고, 결과는 경희대학교 국제개발협력연구센터와 한국YMCA전국연맹 동티모르 사무소 간 소통을 통해 평가 결과가 실제 반영되고 있음이 확인됐다.

4) 대학과 파트너십의 적절성

세부 평가질문	실제 평가질문
4-4. 대학과의 파트너십이 적절했는가?	4-4-1. 대학과의 파트너십을 통해 얻은 이점은 무엇인가?

평가팀은 '대학과의 파트너십을 통해 얻은 이점은 무엇인가?'를 파악하기 위해 '사업 기획과 실행, 성과관리에서의 대학의 기여여부'를 지표로 설정했다. 이 평가질문에 대해 한국YMCA전국연맹 동티모르 사무소의 사업 책임자는 아래와 같은 내용을 제시했다.

"기존 진행 사업에 대해 대학의 객관적, 체계적인 사업 모니터링 및 평가 등 관리 노력이 사업 수행에 균형감, 객관화, 지적도전 등을 주어 사업을 효과적으로 진행하는 데 도움이 됐다."

"대학의 참여로 KOICA 등 파트너들이 본 사업에 대해 좋은 이미지를 가지게 하는 효과를 얻었다."

"재정이 안정적으로 확보되어 사업수행에 도움이 됐다."

에필로그

지난 2년 6개월간의 동티모르 기억

사업을 통해 얻고 싶었던 것

손혁상 다들 수고했어요. 그간의 소회를 일일이 풀어놓기에는 밤을 새도 시간이 부족할 거 같고, 사업을 마무리하는 현 시점에서 동티모르에서의 경험을 통해서 각자 어떠한 성장을 했는지 궁금해요. 먼저 2년 전으로 되돌아가서 사업팀에 합류했을 때의 마음가짐을 떠올려보는 것도 재미있을 것 같아요. 사업에 참여하면서 기대했던 것이나 사업을 통해 얻고 싶었던 것이 있었나요? 양 간사님은 어땠어요?

양동화 제가 동티모르에 처음 갔을 때가 2007년이었어요. 한 해만 더 하자, 한 해만 더 하자고 하다 보니 동티모르에서 지낸 시간이 어느새 8년이 되었죠. 동티모르 생산지 담당자로서 오랫동안 반복적인 업무를 하다 보니 혼란스러울 때가 많았어요. 우리가 가고 있는 방향이 맞는 것일까? 혹은 내가 너무 독단적이었던 것은 아니었을까? 2013년 사업에 참여하면서 한국YMCA전국연맹과 경희대학교의 파트너십을 통해 사업을 재정비하고, 중장기적인 계획을 세우고 싶었어요.

김기연 2013년에 저는 이미 동티모르 생활 3년차였는데, 활동가로서 삶을 살 수 있을지 스스로에 대한 확신이 없었어요. 오랜 현장 경험을 가진 선배 활동가들의 삶을 가까이에서 보고 들으면서 여러 가지를 배우고 싶었죠. 그리고 다른 문화권의 사람들과 소통하고, 동질감과 이질감을 느껴보고…. 내 역량이 어느 정도인지도 알고 싶었고요. 이를 통해서 앞으로 어떠한 삶을 추구하며 살아 가야하는지도 그려보고 싶었습니다.

한재광 저는 이 사업이 한국의 국제개발협력 커뮤니티에서 보기 드물게 공정무역과 사회적기업 접근을 동시에 시도한다는 점에서 굉장히 흥미로웠어요. 국제개발협력과 사회적 경제의 접점을 모색한다는 것에 큰 기대가 있었습니다. 또한 사업의 성과관리 프레임워크를 구성하고 실제 적용해보는 것도 재미있을 것 같았고요.

허그림 양 간사님과 기연 간사를 빼면 모두 동티모르라는 나라를 처음 가본 거죠? 동주, 민정, 현량, 종남은 대학원에서 국제개발협력을 공부하고 있지만, 개발도상국의 사업현장에 참여하는 것은 처음이었을 텐데…. 어떤 생각으로 시작했어요?

정동주 대학원 수업 시간에 국제개발협력과 관련한 이론적인 부분을 많이 접했어요. 공부를 하면 할수록 사업 현장을 직접 경험하고 싶었어요. 이론뿐 아니라 실천적인 배움이 필요하다고 생각했는데, 마침 좋은 기회를 얻은 거죠.

한현랑 저도 동주언니처럼 책에서 배운 것들이 실제로 작동하는지, 이론과 실천의 차이점은 무엇인지 알고 싶었어요. 평소 '파트너십'이라는 주제에도 관심이 많았는데, 이 사업이 '대학과의 파트너십을 통한 국제개발협력사업'이잖아요. 정부, 대학, 비영리단체 간의 파트너십이 어떤 시너지 효과를 낼 수 있는지 직접 확인해보고 싶었죠. 그리고 협동조합, 사회적기업과 같은 사회적 경제 조직을 통한 빈곤 퇴치 모델을 실험한다는 측면에 대해서도 큰 기대가 있었습니다.

서민정 저는 개발활동가들이 현지 주민들과 소통하는 과정이 궁금했어요. 또한 사업 참여를 계기로 공정무역의 전 과정에 대해 확실히 이해하고 싶은 욕심이 있었습니다.

박종남 한국에서 개발활동가들로부터 다양한 이야기들을 들을 수 있었지만, 현장에서 직접 그들의 생활과 고민을 보고 싶었습니다.

허그림 김승창 간사님은 양 간사님이 동티모르로 납치한 것이라던데요….

김승창 반반이에요.(웃음) 저도 다른 분들처럼 사회적기업과 공정무역이라는 두 가지 접근을 동시에 다루는 국제개발협력사업 현장은 어떤지 궁금했고, 실제로 경험해보고 싶었어요.

사업 수행을 통해 느낀 점

손혁상 들어보니 크게 기존 사업의 재정비, 이론과 실천의 균형적인 배움, 사회적 경제 토대를 구축하는 사업 모델의 실험에 대한 기대로 나눌 수 있는 것 같아요. 그런데 실제로 이러한 기대들이 현장에서 어떻게 배반되었는지 궁금하네요.(웃음)

김기연 막연히 생각했던 사업이나 활동이 현실로 다가왔을 때 어떤 것들은 제가 생각했던 것 보다 더 느리게, 또는 더 진지하게 흘러가기도 했죠. 때로는 주민들의 삶 속에서 들어가 그들과 같이 일하는 활동들이 무겁게 느껴질 때도 있었습니다. 선배 활동가들의 고민을 들으면서 제 스스로도 사업이 진행되고 있는 마을의 예전 모습과 현재의 변화된 모습을 그려볼 수 있었어요. 현지 언어를 조금씩 배우고 이를 통해 주민들과의 관계를 형성하면서, 미약하게나마 주민들의 생각과 한국YMCA전국연맹의 개발 활동을 이해해 간다는 즐거움이 있었던 것 같아요.

김승창 시간이 지나고 사업이 추진되는 것을 보면서 사업의 방향과 목적을 좀 더 깊이 알게 되었어요. 그리고 사업을 추진하는 것도 중요하지만, 그 밑바탕에는 사람들과의 연대가 필요하다는 것도 발견했습니다.

서민정 양 간사님과 한국YMCA전국연맹은 이미 오랜 시간 동안 주민들과 소통해왔고, 지역사회의 발전을 모색함으로써 깊은 신뢰를 쌓아왔어요. 이러한 현장을 직접 보면서 지역개발이라는 것이 단기간에 이루어질 수 있는 것이 아니라 오랜 시간과 노력이 필요하다는 것을 느꼈습니다. 주민과의 신뢰 관계를 토대로 가공장 건설, 카페 운영과 같은 다음 단계의 일들이 수월하게 진행되었던 것 같아요.

정동주 제가 한국에서 막연하게 상상했던 '현장 경험'을 실제 겪어보니 단순한 행정 업무가 아니라 다른 문화권의 사람들을 알게 되면서 생기는 관계와 그들과 공유하는 가치를 이해하는 것임을 깨닫게 되었습니다. 또한 사업의 수행 과정 속에서 모두가 공감하고 지켜나갈 수 있는 가치를 발견하고, 이것을 제 나름대로 이론적으로 정리할 수 있었기 때문에 이론과 실천은 멀리 있는 것이 아니라는 생각을 하게 되었습니다. 연구자와 활동가는 서로 소통하고 이를 통해 발전해가는 것 같아요.

한재광 저는 이 사업에 참여함으로써 현장에서 진정성을 가지고 오랜 기간 사업을 수행해온 한국YMCA전국연맹 활동가들과 이것이 가능하도록 지원해준 본부의 저력을 확인했어요. 또한 현지 주민들이 주체가 되는 개발 사업은 역시 어려운 일임을 다시 한 번 깨달았습니다.

한현랑 저는 동티모르에서의 파견 경험을 통해 개발 사업에서 자발성과 창의성이 중요하다는 것을 배웠어요. 현지 주민들이 필요로 하는 것이 무엇인지를 스스로 파악하고 정하는 것이 중요하고, 충분한 대화를 통해 이를 이끌어낼 수 있다고 생각합니다. 또한 주민들이 저렴하게 이용할 수 있는 카페를 설립하고, 바리스타 직업 훈련을 제공하는 등 현지 상황에 맞는 창의적인 사업구성요소가 사업의 성공가능성을 높인 것 같습니다. 학술기관과 NGO가 파트너십을 맺는 것이 쉽지 않은 일이라는 것도 알게 되었어요. 서로의 가치관이 다르기 때문에 목적과 방향성의 설정에 대해 합의를 이루는 것이 쉽지 않았기 때문이죠. 그러나 파트너십이 불가능한 일은 아니며, 결과적으로 정량적, 정성적 평가에서 만족할 만한 사업성과를 이루었다고 생각합니다.

손혁상 다들 알다시피 이 사업은 여러 이해관계자가 파트너십을 맺고 있어요. 사업수행주체로서 한국YMCA전국연맹과 경희대학교 국제개발협력센터의 관계가 가장 우선적이지만, 우리에게 재정을 지원하는 KOICA와 현지에서의 업무를 지원하는 동티모르YMCA 등도 파트너십을 구성하는 단위입니다. 파트너십은 단일한 목표를 달성하기 위해 각각의 조직이 자원을 모으고 협력한다는 측면에서 긍정적인 기능을 가지지만, 비전과 미션이 다른 두 개 이상의 조직이 합의를 도출하기까지는 시간이 오래 걸리고 갈등과 긴장이 존재해요. 이러한 환경에서 사업을 수행하면서 어려움도 많았을 것 같아요.

양동화 교수님 말씀대로 낯선 팀원들과 팀워크를 만들어 내는 것은 큰 도전이었습니다. 우리 사업이 신규가 아니라 기존 사업에 새로운 아이템을 결합하는 형태였기 때문에, 사업의 방향에 대한 이해도의 차이나 상호 간의 목적성의 차이로 인한 어려움이 있었어요. 그런데 이것이 서로에게 건강한 긴장감으로 작용했다고 생각해요. 저로서는 늘 해왔던 업무를 돌아보고 늘 옳다고 생각했던 사업 목적을 돌아볼 수 있는 시간이었습니다. 좀 더 다양한 고민을 할 수 있는 자극이 되었습니다.

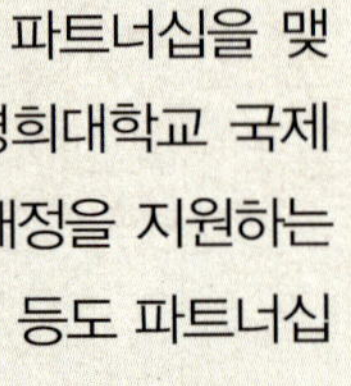

박종남 무엇보다 함께 일하는 직원들과의 관계가 사업 진행에 큰 영향을 미칠 수 있다는 것을 볼 수 있었습니다. 또한 본부의 행정팀과의 의사소통도 중요하다는 것을 실감할 수 있었습니다. 작은 사항을 결정하더라도 충분한 논의가 있어야 혼선이 작아지는데 이를 위해서는 서로 대화할 수 있는 통로가 열려 있어야 한다고 생각합니다.

손혁상 승진과 그림은 본부에서 행정을 지원했는데, 사업에 참여해보니 어땠어요?

최승진 저는 2013년 여름에 동티모르에 다녀왔습니다. 현지 주민들과 직접 접촉하고 대화함으로써 이분들이 우리의 개발 활동을 얼마나 필요로 하는지 알 수 있었으며, 현장 활동가들의 업무 추진을 보면서 주민들과의 소통 방법을 간접적으로 배웠어요. 본부에서 행정 업무를 하다 보니 사업에 대한 이해가 충분치 않았는데, 현장 모니터링을 다녀온 뒤로 사업에 대한 이해가 높아졌고 애정도 갖게 되었어요.

허그림 저도 일주일 정도 동티모르에 다녀오기는 했지만, 출장기간도 짧았고 중간 모니터링을 위해 방문하였기 때문에 현장에서 주민들과 관계를 구축하거나 사업의 성과를 직접 확인하지는 못했어요. 그러나 본

부에서 현장과의 의사소통을 담당하고 사업 운영을 지원하는 업무를 통해 손 교수님을 비롯한 다른 팀원들로부터 개발 사업의 경험과 노하우를 배울 수 있었습니다. 특히 이해관계자의 참여를 통해 변화이론을 구성하거나 이에 기반해 모니터링과 평가를 수행해본 경험은 향후에도 큰 도움이 될 것 같습니다.

사업 수행을 통해 성취한 점

손혁상 2년간의 사업기간은 짧다면 짧고, 길다면 긴 시간이에요. 여러 가지 일들이 있었을 거라고 생각해요. 사업 수행을 통해 성취한 점이 있다면 말씀해주시겠어요? 현장에서 발생하는 크고 작은 문제의 해결방안을 모색하는 과정을 통해 개인적인 성장을 할 수도 있었을 것 같아요.

한재광 개인적인 성취는 공정무역과 같은 사회적 경제형 국제개발협력사업의 가능성을 실제로 확인한 점입니다. 또한 효과적인 사업 성과 관리를 위해 기획 단계에서 변화이론, PDM 등을 도입하고, 이를 기반으로 모니터링과 평가를 실행한 경험은 큰 도움이 되었습니다. 마지막으로 한국YMCA전국연맹과 경희대학교 국제개발협력연구센터와 같이

진정성과 전문성 있는 기관들이 소통하고 협력하며 즐겁게 활동한 경험은 향후 연구와 활동에 큰 자산이 될 것이라고 생각합니다.

양동화 8년 동안 진행했던 사업이기 때문에 업무적으로 다소 느슨한 측면도 있었어요. 이 사업을 통해 팀원 간 업무를 공유하고 소통함으로써 일상적인 업무의 소중함을 상기하게 되었습니다. 그리고 사업에 대한 평가뿐만 아니라 내 스스로에 대한 평가의 필요성을 인정하고 이에 대한 노력을 하였습니다. 이러한 부분에 의해 사업 전체의 건강성이 유지된다는 점을 다시 한 번 깨닫게 되었습니다.

김기연 무엇보다도 제 자신에 대해, 사람들과의 관계에 대해 많은 고민을 할 수 있었던 시간이었습니다. 처음에는 낯선 환경과 이미 진행 중이었던 사업의 내용이 이해되지 않아 조급한 마음이 들기도 하였지만, 선배 활동가들이 전해주는 이야기와 직접 경험한 부분을 통해 제 방식대로 소화하고 배우려고 노력하였습니다. 결국 한국YMCA전국연맹이 사업을 통해 추구하는 가치는 활동가로서 제가 현장에서 발현시킬 수 있는 저의 장점에 달려 있다는 것을 깨달았어요. 사업에 참여하는 동안 이것이 저의 가장 큰 과제였습니다.

정동주 다른 문화권의 사람들과 소통하며 일할 때, 어떻게 그들을 더욱 존중하며 '함께' 일할 수 있는 지에 대한 가치관을 정립할 수 있었어요. 그리고 사업의 주요한 접근인 사회적기업과 공정무역에 대해 실무를 통해 깊이 있게 경험할 수 있었습니다. 공정무역은 생산자들과 어떠한 소통 과정을 통해 추진될 수 있는지, 공정무역은 단순히 좋은 가격에 커피를 수매해주는 것인지, 또는 민주적인 절차를 통해 생산자들의 권리를 보장하고 스스로 자립할 수 있는 역량을 키워주는 것인지 생각해 볼 수 있었습니다.

서민정 개발 사업 현장은 변수가 가득한 곳이므로 문제가 생겼을 때 빠르고 정확하게, 그리고 실행에 있어서는 강약 조절을 하면서 함께 앞으로 나아가야 한다는 것을 배웠어요. 또한 단기적 목표, 장기적 목표를 어떻게 세우고 실천에 옮겨야 하는지도 배울 수 있는 중요한 시간이었습니다.

한현랑 학교에서 이론적으로 배우기만 했던 부분을 실제로 경험하게 되어 매우 값진 시간이었습니다. 저는 앞으로도 학문의 길을 갈 계획인데요, 향후 어떠한 마음가짐으로 연구에 임해야 하는지, 어떠한 부분에 초점을 맞추고 연구를 진행해야 하는지에 대해 고민할 수 있는 시간이었습니다. 동티모르에서의 고민들이 제 삶에 귀한 밑거름이 될 것 같아요. 카페 설립 과정에 참여하면서 실무적인 측면에서도 많이 배웠어요.

특히, 모든 준비를 팀 회의를 통해 결정하고 수행하면서 현지 사정이나 주민들에 대해 보다 심도 있게 접할 수 있었고, 소통하는 법을 배우기도 했죠.

최승진 저는 개인적으로 현장과 실무 경험을 얻었다는 점이 가장 큰 성취입니다. 전체적인 사업 절차를 이해하고 경험하면서 손교수님과 다른 팀원들에게 여러 방면의 도움을 얻었습니다. 이러한 경험은 제가 향후 NGO 활동가로 성장할 수 있는 든든한 밑거름이 될 것입니다.

허그림 사회적기업과 공정무역 접근을 활용한 국제개발협력사업의 전반에 참여하면서 사회적 경제 개념이 일반화되지 않은 개발도상국에서 사회적기업 접근을 시도할 때의 유의점, 사회적기업 가치사슬의 개념화, PDM이나 변화이론의 사업 관리 적용 등의 측면에서 많은 배움을 얻었습니다. 무엇보다 오랜 시간동안 구축한 주민과의 신뢰 관계가 사업의 주요한 성공 요인임을 새삼 확인할 수 있었어요.

박종남 사업을 마치고 한국에 돌아와서 개발협력 활동가들의 경험과 역량에 대해서 큰 관심을 갖게 되었습니다. 현재는 사업에 참여한 활동가들의 기억을 통해 사업의 성과를 재구성할 수 있는 방법에 대해서 연구하고 있습니다.

〈표7-1〉 동티모르 한국 팀원 활동 기간 및 역할

소속	이름	기간	역할
한국YMCA 전국연맹	양동화	2013년 1월~2014년 12월 (2007년 4월~2015년 2월)	동티모르 현지 사업책임자
	김기연	2013~2014년 (전체는 2012~2014년)	사메 지역 커피 소그룹 및 생산관리
	양예림	2013년 (전체는 2012~2013년)	사회적기업 피스커피 행정
	김승창	2014년	그린빈 가공장 관리 및 카페 피스커피 지원
경희대학교 국제개발협력 연구센터	손혁상	2013~2014년 (전체는 2012~2014년)	사업 총괄 책임자
	한재광	2013~2014년 (전체는 2012~2014년)	사업 모니터링 및 평가 등 성과관리 총괄
	허그림	2013년 8월~2014년 12월	행정 및 예산 관리
	최승진	2013년 1월~2013년 7월	행정 및 예산 관리
한국YMCA 전국연맹	정동주	2013년 1월~2014년 12월	카페 피스커피 설립 및 사메 커피소그룹 지원
	서민정	2014년 1월~2014년 12월	카페 피스커피 운영
	한현랑	2013년 2월~2013년 12월	카페 피스커피 설립 및 사메 커피소그룹 지원
	박종남	2013년 2월~2013년 7월	사회적기업 피스커피 설립 지원

피스커피와 우리 동지들

– 현지활동가 이야기

동티모르YMCA 전 사무총장 오라시오

오라시오 전 사무총장은 2005년 이후 지난 10여 년간 동티모르의 YMCA 사무총장으로 활동하였으며 우직하고 따뜻한 성품과 세상에 대해 폭넓은 시야를 가진 분이다. 공정무역 사업과 사회적기업 피스커피가 세워지기까지 거의 모든 의사결정과정에서 그는 현지 사람들의 문화와 가치를 대변하고, 동티모르 현지 상황을 고려하며 현명한 의사결정을 할 수 있도록 도왔다. 또한, YMCA 직원과 마을 분들을 독려하여 마을과 YMCA가 협력하여 단순히 소득증대 이상의 더 좋은 가치를 추구할 수 있도록 돕는다.

“ 저는 동티모르 커피생산자들의 자립을 돕기 위해 사업에 참여하였습니다. 이들은 시장경제에서 자생하기 어려운 사회적 약자 계층이기 때문에 적절한 지원이 필요합니다. 커피생산자들이 소득을 증대 시킬 뿐만 아니라 커피시장에서 경쟁력을 갖출 수 있도록 역량을 강화하고 내수시장을 형성하여 청년 일자리를 창출하는 사업모델에 거는 기대가 컸습니다. 그러나 사업을 진행해보면 지역사회의 역량강화가 어렵고 오랜 시간이 필요한 일임을 알게 되었습니다. 이 사업은 이러한 측면을 이해하고, 생산자 입장에서 고민하고 논의하려는 시도를 하였다고 판단되었습니다. 비록 사업은 종료되었지만 사업을 통해 경험하고 느낀 점들은 앞으로도 커피생산자들의 자립에 큰 도움이 될 것이라고 확신합니다. 처음에는 사메의 커피생산자들을 비롯한 여러 수혜자들이 이 사업의 개념을 얼마나 이해할 수 있을지 걱정이었지만, 그들과 함께 배우고 성장하는 것을 느끼며 이를 통해 도전하는 것이 얼마나 중요한지 깨달았습니다. 개인적으로는 오랜 식민생활과 내전, 빈곤으로 인해 청년문화가 거의 전무한 딜리에서 카페 피스커피를 열고, 다양한 청년그룹의 활동을 지원함으로서 문화운동을 시도하였던 것이 가장 감동적이었습니다. ”

피스커피 총괄 매니저 조디

조디는 지난 6년간 YMCA에서 일해 온 잔뼈가 굵은 직원이다. 현재는 오랜 경험과 성실성을 바탕으로 피스커피의 총괄 매니저를 담당하고 있다. 그는 아직 젊지만, 마을과 본부를 오가며 마을 사람들, 직원들과 소통한다. 특유의 밝고 착한 성품 덕분에 마을 장로, 이장님 또한 그를 신뢰하며 모든 직원들을 아우를 수 있는 따뜻한 리더십과 강한 책임감을 가졌다. 아직은 배워가는 과정에서 어려움과 난관에 봉착할 수도 있지만, 성실함과 일에 대한 열정만큼은 어느 누구에게도 뒤지지 않으며, 다소 어려울 수 있는 사회적 경제나 공정무역과 같은 NGO의 무형적 가치나 이론에 대해 늘 궁금증을 가지며 배워가고 있다.

“사업모델을 들었을 때 ‘사회적기업’이라는 개념은 낯설었지만, 새로운 접근을 시도하는 운동을 배우고 경험할 수 있을 것 같았습니다. 동티모르에서 추진되고 있는 대부분의 사업이 외국자본에 의존하고 있어 동티모르 현지인이 사업에 참여할 수 있는 기회가 적습니다. 그러나 이 사업은 사회적기업이라는 접근을 통해 동티모르 내수시장에 참여하고, 현지인들이 주체적으로 이러한 활동에 참여할 수 있도록 돕는다는 신선한 아이디어를 실현하였습니다. 동티모르에서는 “안 될거야.”라는 말을 참 쉽게 합니다. 저도 처음에는 사업에 대해 부정적으로 생각하였습니다. 과연 우리끼리(현지인) 잘 할 수 있을까?

그러나 점차 사업을 실행하면서 주민들을 가장 잘 이해하고 이들과 가장 잘 소통할 수 있는 사람은 바로 우리들이라는 것을 깨달았습니다. 저에게도 사회적 경제는 어려운 개념이었으나, 사회적 경제가 ‘공동체’를 기반으로 하는 것이라는 나름의 해석을 가지고, 이를 반복해서 주민들에게 설명하면서 자연스럽게 개념에 익숙해졌습니다. 개인적으로 새로운 시도를 하는 것에 두려움을 느끼는 편인데, 사업을 무사히 마쳤고 또 좋은 결과도 얻어서 자신감이 생겼습니다. 법인의 설립 과정에서 행정적인 어려움도 있었고, 가공장 공사 과정에서도 지역사회의 사회문화적 배경으로 인한 여러 가지 변수들이 발생하였지만, 실질적인 행정업무 역량을 향상시키는데 많은 도움이 되었습니다.”

사메 지역 담당 YMCA 활동가 프란시스코

우직한 체격에 강한 인상을 가진 프란시스코는 한국YMCA전국연맹이 사메에서 커피공정무역과 주민조직운동을 시작한 2006년부터 오랜 시간 동고동락해온 지역의 활동가이다. 그는 YMCA 활동가로 근무하기 이전 은행원 경력으로 인해 꼼꼼하고 책임감 있게 자신의 맡은 바 업무를 진행하며 지역 유지들과도 돈독한 관계를 맺고 있다. 그는 마을회의를 통해 주민들에게 늘 YMCA의 역할과 책임에 대해서 전달하곤 한다.

“ 저는 이 사업을 시작할 때에만 해도 과거에 진행해왔던 사업의 연장이라고 생각하여 특별한 기대를 가지지는 않았습니다. 그러나 커피생산자소그룹을 구성하기 위해 마을 사람들과 여러 차례 회의를 가지고, 소그룹을 방문하면서 많은 것들을 깨닫고 느끼게 되었습니다.

예전에 YMCA가 커피생산 및 가공을 주도했던 때와 달리, 소그룹 구성원들은 회의에 적극적으로 참여하기도 하고 적극적으로 자신의 의견을 내놓기도 하였습니다. 물론 우리 직원들은 이를 조정하는 과정에서 때로는 곤란하기도 하고 어려움에 부딪힐 수 있지만, 그만큼 주민들의 스스로 생각하고 함께 참여하는 능력이 길러진 것 같아 한편으로는 마음이 기쁩니다. 저는 오랜 시간 이 지역에 살아가며 지역사회와 관계를 맺으며 쌓아온 신뢰를 바탕으로 주민들과 함께 소통하며, 회의나 토론을 통해 문제를 해결해 나가고 있습니다. 제가 이 사업을 통해 얻은 교훈은

주민들이 의사소통구조를 통해 갈등을 두려워하지 않고 더 나은 대안을 모색하는 것이 중요하다는 것입니다. ❞

로뚜뚜 지역 담당 YMCA 활동가 아마리노

아마리노는 로뚜뚜 지역을 담당하는 YMCA 활동가이다. 그는 창의적이고 열정적으로 자신의 일에 임하며, 새로운 방식을 도입하거나 배우기를 주저하지 않는다. 또한 그는 현지 활동가이기에 앞서 커피생산자 중 한 명이기 때문에 YMCA와 마을 사이에 징검다리 역할을 톡톡히 해내고 있다. 또한 이 사업을 통해 지역사회의 발전과 농가 소득증대에 대한 기대를 가지고 사업에 참여하였다.

❝ 저는 로뚜뚜의 커피 농부이자 지역 활동가로서 이 사업을 추진하면서 단기적으로 소득증대를 달성하는 것은 비교적 쉬운 일이지만, 소득증대의 지속성을 유지하는 것이 굉장히 힘들고 정성이 쏟아야 하는 일이라는 것을 느꼈습니다. 물론, 지금도 안정화 단계에 이르렀다고 할 수 없고, 그 성과도 미약해보이지만 지역사회와의 신뢰관계를 바탕으로 사업성과의 지속성에 대한 고민을 계속해야겠다는 다짐을 합니다. 사업을 통해 얻은 개인적인 성취라면 주민역량강화 교육을 통해 행정업무를 배운 것입니다. 커피 생산자소그룹에게도 행정업무가 얼마나 필요한지 알게 되었으며, 또한 소그룹을 운영 및 관리함으로써 어떤 리더십이

효과적인지도 고민하게 되었습니다. 한국YMCA전국연맹와 인연을 맺은 2006년 이후부터 해마다 새로운 활동을 시도하게 되는 것 같습니다. 새로운 활동은 매우 바쁘고 지칠 때도 있지만, 저에게 더욱 새로운 아이디어를 가져다주고 열정적으로 일에 임하게 만들기도 합니다. 이 과정을 통해 YMCA의 활동가로서 더욱 많이 성장하고 배워나가는 과정이 되었으면 좋겠습니다. ”

피스커피 카페 매니저 엘씨

엘씨는 피스커피에서 회계업무와 카페 매니저를 담당하고 있다. 처음 볼 때는 여느 동티모르 여성들처럼 조용하고 수줍음이 많아 보이지만, 밝고 예쁜 미소를 가진 엘씨로 인해 많은 손님들이 그의 친절함에 반해 카페를 다시 찾곤 한다. 그는 이전에 동티모르YMCA에서 청년활동을 참여했었으며, 동티모르YMCA의 창립과 성장과정을 지켜보았다. 누구보다 사회적기업 피스커피나 YMCA의 역할에 대해 자부심과 책임감을 가지며 이 일에 임하고 있다.

“ 저는 카페 매니저로 고용되기 이전에 동티모르YMCA의 청년 멤버로 활동했습니다. 동티모르YMCA의 청년멤버로 활동하면서, 가치 있는 일을 하고 싶다는 소망을 가지고 있었는데, 카페 매니저로 일하게 되면서 카페를 통해 동티모르 청년들이 이곳에서 건전하게 문화적 공간을 이용할 수 있기를 꿈꾸게 되었습니다. 저는 카페 피스커피 매니저로서 카페의 공간을 활용하여 피스커피 총괄 담당자인 조디를 비롯하여 카페 직원들과 회의하고 소통하는 과정 가운데, 다양한 문화 활동을 함께 전개하게 되었습니다. 특히 동티모르 청년들에게 문화를 향유할 수 있는 기회를 제공하고자 한국의 임의진 작가님을 초청하고 그림 전시회를 열었을 때가 기억에 남습니다. 동티모르의 학생들은 호기심 어린 표정으로 그림 한 장 한 장을 관심 있게 보았고, 임의진 작가님이 노래 공연에 감동을 받았죠. 커피 생산지인 사메와 로뚜뚜 지역을 방문했을 때에는 농민 분들과 이야기를 나누면서 동티모르 커피에 대해 더 큰 자부심을 가지게 되었습니다. 저는 이 사업을 통해 바리스타로 일하면서 단순히 커피를 판매하는 것이 아니라 동티모르 생산자와 소비자를 연결시키고 이 공간을 통해 건강한 청년 문화를 만들어 낼 수 있음에 큰 보람을 느낍니다. ❞

〈표7-2〉 동티모르 현지 팀원 활동 기간 및 역할

소속	이름	기간	역할
동티모르 YMCA	오라시오 멘데스	2013년 1월~2014년 12월	행정지원, 현지 직원 관리 지원, 주민 교육 지원, 현지 법인 지원
	조디 다 코스타	2013년 1월~2014년 12월	행정지원, 주민조직 및 교육, 사회적기업 운영 전담
	프란시스코 틸만	2013년 1월~2014년 12월	생산자 지원, 소그룹 가공장 운영 지원, 주민조직
	아마리노 다 코스타	2013년 1월~2014년 12월	생산자역량강화 교육, 주민 교육, 소그룹 가공장 운영 지원
	우디스 알베르토 다 코스타	2013년 1월~2014년 12월	주민 복지 서비스 지원 및 회계 지원

Banda Sea
Pulau
Kombe
INDONESIA
Kalabahi
Pulau Alor
Moru
Pulau
Adonara
Flores
Pulau
Lomblen
Pulau
Pantar
Ombai
Strait
Pulau
Solor
Atapupu
Pante
Makasar
Oecussi
(Ambeno)
Savu Sea
INDONESIA
Soe

부록

부록 1

2014 경희대-YMCA동티모르 사업 주간 진행사항표 (예시)

구분	사업 구분		전주 진행 사항(2014. 04. 14. - 04. 25)	금주 계획 (2014. 04. 28. - 05. 09)
	산출물	산출물 세부 내용		
소그룹가공장	1. 신규 소그룹 3개 구성	· 소그룹 구성 · 설명회 개최 · 소그룹 사업 · 신청서 접수 · 사업신청서 · 심사 및 결정	1. 가브라키 소그룹 신청서 3개 접수 완료 2. 서류 심사 완료 3. 선정 - 하일랄, 아이살라 4. 면접 - 소그룹 하일랄 : 4월 24일 : 부지 선정 및 확인, MOU 체결 준비 내용 확인 등 - 소그룹 아이살라 : 4월 25일 : 부지 선정 및 확인, MOU 체결 준비 내용 확인 등 5. 다음 주부터 공사 시작하기로 결정 6. 선정이 늦은 관계로 공사는 늦게 시작하지만, 5월중 임시 가공장을 설치, 파치먼트 가공작업을 진행하기로 함. 7. 이장, 면장님 면담 및 활동 내용 공유, 협력지원 확인	
	2. 신규 가공장 3개 건립	· 1차 신규 가공장 공사 · 2차 신규 가공장 공사	로뚜뚜 신규 가공장 제레마부이 공사 시작. 자재 구입 및 운송(시멘트, 모래, 돌 등)공사 50% 완료	· 로뚜뚜 신규 가공장 제레마부이 공사 진행 · 가브라키 신규 가공장 2개소 (하일랄, 아이살라) 공사 자재 구입 및 운송
	3. 신규 가공장 3개 운영	· 신규 가공장 운영 · 교육실시 · 신규 가공장 운영		
	4. 주민역량 강화 교육 연 12회 실시	· 교육안 마련 · 교육강사 확정 · 교육 설명회 개최 · 교육 실시 · 교육 평가회 개최	1. 커피 가공 평가회 및 소그룹 운영에 관한 리더십 교육 · 일시 : 4월 25일 오전 10: 00~13: 00 · 장소 : 로뚜뚜 센터 · 참가자 : 소그룹 멤버 23명, 기타 12명(총 35명) · 내용 : 2013년도 활동 평가 2014년도 활동 내용 계획 리스크 관리 및 대응 토론 소그룹 멤버 관리 및 코디네이터 역할 토론 2. 협동조합 필드워크를 위한 파르시크 미팅 · 일시 : 4월 14일 · 장소 : 카페 피스커피 · 내용 : 2박 3일은 파르시크 일정 및 역량상 어렵고 1박 2일 또는 무박 2일로 파르시크 담당 직원과 상의 후 다시 미팅 하기로 함.	1. 직원 및 리더를 위한 워크숍 준비 · 일정 : 5월 3~5일 (2박 3일) · 장소 : 아타우로 · 참가자 : YMCA 직원, 경희 대 팀원, 사회적기업 피스커피 직원 및 마을 리더 (총 30명) · 내용 : 공정무역, 사회적기업의 이해, 롤 플레이, 성취 및 액션 플랜 짜기 등

구분	사업 구분		전주 진행 사항(2014. 04. 14. – 04. 25)	금주 계획 (2014. 04. 28. – 05. 09)
	산출물	산출물 세부 내용		
사회적 기업	5. 그린빈 가공장 운영	연 파치먼트 50톤 가공		
	6. 카페 운영	카페 운영 (월 $300) 문화행사 공간대여 (연 4회)	매장 운영	매장 운영
	7. 커피 수출	그린빈 30톤		
	8. 사회적 약자 고용	그린빈 가공장, 카페 피스커피 피고용 인 10명 중 25% 사회 적 약자 고용	카페 피스커피 일반 고용인 매장 실습 - 다빗(남자, 만 19세)	
	9. 카페 공간 확충	카페 2층 공간 확충 공사	2층 공사 진행	2층 공사 진행
	10. 그린빈 가공장 공간 확충	창고 건축	시공업체 선정을 위한 견적서 비교(2개 업체) - 작년 시공업체와 계약 체결 준비	창고 건축 및 시설 보완 시작
행정 및 기타	11. 행정			
	12. 인사			
	13. 재정			
	14. 기타	팀원 동정 1. 정동주 : 가브라키 소그룹 구성 활동을 조디 간사와 함께 팀을 이뤄 열심히 배우는 중 2. 서민정 : 워크숍 준비 담당자로 기연간사와 팀을 이루어 열심히 활동 중 3. 김승창 : 카페 피스커피 업무 지원을 분홍색 앞치마를 두르고 열심히 지원 중 4. 김기연 : 후배 팀원 3명을 열심히 케어하는 중		

부록 2

2014 경희대-YMCA동티모르 사업수행 점검표 (예시)

사업 구분	산출물	세부목표		1월	2월	
소그룹가공장	1. 신규 소그룹 3개 구성	3/30까지 2개 선정	목표		심사기준 선정 신청서접수 심사위 구성	○
			내용		심사기준 선정 신청서 접수 심사위 구성	
	2. 신규 가공장 3개 설립	신규 가공장 3개소 건립	목표			
			내용			
	3. 신규 가공장 3개 운영	2014년 파치먼트 생산 (각 가공장당 3톤 이상)	목표			
			내용			
	4. 주민역량강화 교육 연 12회 실시	1차 교육 8회 (5월까지)	목표			
			내용			

내 용								비고
3월		4월		5월		6월		
소그룹 신청서 접수 및 인터뷰	○	소그룹 선정	○					1개는 2013년 기 선정
- 2주 : 설명회 (50명 참석) - 3주 : 소그룹 신청서 접수(3/21)		- 2주 : 가브라키 소그룹 3개 접수 - 3주 : 선정 및 면접 하일랄(4/24), 아이살라(4/25)		- 1주 : 가브라키 하일랄, 아이살라 공사 자재 구입 및 운송 - MOU 체결(5/29) 파치먼트 생산 위한 임시가공소 설치 예정				
		부지선정 3개소 공사시작	○	소그룹 가공장 공사	○	소그룹 가공장 공사	×	
		- 1주 : 제레마 공사시작 - 3주 : 제레마 공정50%		- 4주 : 제레마 공사완료				
						신규 가공장 3개 운영 시작 / 파치먼트 가공 시작	○	
		- 커피수확시기 당겨져 파치먼트 가공은 올해하기 어려움				- 1주 : 신규가공장 파치먼트 가공시작(6/6)		
교육 준비	○	리더십 강의 (4회)	○	협동조합 필드워크 (4 강좌)	×			2차 교육 예정 10~11월
3주 교육 관련 회의 진행		- 2주 : 4/14 협동조합 필드워크를 위한 파르크 미팅 (1박2일 교육 계획함) - 3주 : 4/25 커피 가공 평가회 및 소그룹 운영에 관한 리더십 교육 실시 (로뚜뚜 센터, 총35명 - 소그룹원 23명, 기타 12명, 2013년도 활동 평가 및 2014년도 활동 계획, 리스크관리 및 대응 토론, 소그룹 멤버관리 및 코디네이터 역할 토론)		- 1주 : 5/3~5 직원 및 리더를 위한 워크숍 (장소, 아타우로YMCA 직원, 경희대 피스커피 직원, 마을리더 총 28명, 공정무역, 사회적 기업의 이해, 롤플레이, 성취 및 액션 플랜 짜기)		- 1주 : 협동조합 및 소그룹 운영 교육 예정 (7월 3~5일)		

사업 구분	산출물	세부목표		1월		2월	
사회적 기업	5. 그린빈 가공장 운영	파치먼트 가공 연 50톤 및 원두 로스팅	목표	원두 로스팅 5kg	○	원두 로스팅 5kg	○
			내용	- 2~3주 : 1차 파치먼트 가공 23톤 (2013년 분)(1/10~1/27)			
	6. 카페 운영 (피스커피)	영업활동 (월 매출 $300 이상) 및 문화행사	목표	정식 오픈(1월 15일)	○	영업활동 월 매출 $300 이상	○
			내용	- 1월 15일 정식 오픈 - 1월 매출 $450		- 2월 매출 $ 840	
	7. 커피 수출	연간 그린빈 30톤 수출	목표				
			내용	- 4주 : 1차 그린빈 수출 16.5톤 (1/27)			
	8. 사회적 약자 고용	그린빈 가공장, 카페 피스커피 피고용인 10명 중 25% 사회적 약자 고용	목표	그린빈 가공장 4명, 카페 피스커피 2명 고용 (사회적 취약계층 100%)	○	그린빈 가공장 1명 추가 고용 (사회적 취약계층)	○
			내용	- 그린빈 가공장 4명 고용 - 카페 피스커피 2명 고용 총 7명 (사회적 취약계층 100%)		- 그린빈 가공장 1명 고용	
	9. 카페 대여 및 공간 확충공사	2층 문화공간 확충 및 1층 매장 보수	목표				
			내용				
	10. 그린빈 가공장 창고 확충 공사	파치먼트 보관용 창고 공사	목표				
			내용				
행정 관리	12. 인력 파견	양동화, 김기연, 정동주, 서민정	목표	정동주, 서민정 1/10 파견 김기연 1/25 파견	○	양동화 파견	○
			내용	- 2주 : 정동주, 서민정(1/10) - 4주 : 김기연 (1/25)		- 4주 : 양동화 파견 (2/26) - 김승창 파견 (2/28)	
기획,평가	13. 기획, 모니터링, 평가작업	사업기획 회의 · 평가	목표			사업기획회의	○
			내용			- 3주 : 사업모듈 자문회의 김진환, 엄은희, 조여호(2/19)	

내 용								비고
3월		4월		5월		6월		
원두 로스팅 5kg	○	원두 로스팅 5kg	○	원두 로스팅 5kg	○	원두 로스팅 5kg	○	
- 1주: 2차 파치먼트 가공 18톤(2013년 분)(2/28~3/7)								
영업활동 월 매출 $300 이상	○	영업활동 월 매출 $300 이상	○	영업활동 월 매출 $300 이상	○	영업활동 월 매출 $300 이상 / 문화행사 1회	○	
- 2주 : 공간 대여(청년 세미나, 보건, 40명, 3/15) - 3월 매출액 : $1,215.05 일평균 $60		- 1주 : 고용인력 실습 (다빗 19세)		- 1주 : 4월 매출정산 $1,475.70 (3월 대비 $260 매출 성장)		- 1주 : 5월 매출 $1,921.50 (4월 대비 $445.80 성장)		
- 2주 : 2차 그린빈 수출 14톤(3/12)								
				카페 피스커피 1명 추가 고용	×			상반기 총 8명 고용 (7명이 사회적 취약계층)
공사 시작	×	확충 공사 진행	×	확충 공사 완료	×			
				- 1주 : 2층 공사 진행		- 1주 : 5월 공간대여 2회 (필리핀 선교사 모임, 영어 교육 스터디)		
		확충 공사 진행	○	확충 공사 완료	×			
		- 3주 : 시공업체 선정을 위한 견적서 2개 비교 후 작년 업체 선정		- 1주 : 창고 건축 및 시설 보완 시작				
- 1주 : 서민정 뎅기열로 귀국, 치료(3/3)								
		1. 정동주 : 4월부터 가브라키 소그룹 구성 담당 2. 서민정 : 4월부터 격주 카페 업무 담당, 그 외 사메 활동 지원 3. 김승창 : 4월 서민정과 교대로 카페 업무 담당, 및 행정 지원 4. 김기연 : 사메 사업 전체 담당		- 1주 : 서민정, 김승창 팀원 딜리 업무 지원 (카페 2층공사 및 운영지원, 그린빈 가공장 공사 진행 지원)				

부록 3

동티모르 커피공정무역사업 사업모델 모듈구성안

1) 주민조직화: 소그룹 구성 - 소그룹가공장 활동 - 협동조합 구성

구성 / 행위자	소그룹 구성		소그룹 가공장 활동		협동조합 구성	
	내용/절차	가정/위험요소	내용	가정/위험요소	내용	가정/위험요소
로뚜뚜 마을 소그룹 참여자	· 주민조직(소그룹 관련) 교육 통해 문화이해 및 내면화 중요 · 마을의 이해, 권력관계 파악 중요 · 모델그룹 설정 파일럿 그룹 운영 · 소그룹 이전에 자체 가공소 운영 통해 기술교육 권력관계, 이해관계, 문화형성 · 설명회 참석 · 10~15명 구성 · 신청서 작성 및 접수 · 인터뷰 후 내용 소그룹에 보완 · 협약서 체결 · 내부 역할분담	· 사업방향에 대한 본부 및 현지의 합의 · 소그룹 구성 문화 구성 중요 · 소그룹 구성에 대한 주민들의 기본적인 이해 및 호응 필요 · 선발 절차 및 결과에 대한 동의	· 가공장 부지 결정 · 가공장 건설 책임 · 가공장 장비 세팅 · 가공작업 진행 · 원두 수매 · 파치먼트 판매 · 관리 작업 수행	· 최적의 장소에 가공장 건설함 · 가공장 건설 과정에서 양호한 기후 · 환경 필요함 · 지역주민들이 생두를 판매해야 함 · 가격변동에 대해 적절히 관리해야 함 · 관리작업에 대한 적극적 호응 있어야 함	· 소그룹 구성원 협동조합전환 설명회 참석 · 소그룹 내 토론과 합의 · 협동조합구성 결의 · 내부규정 제정 · 내부조직 구성 · 법적 등록작업 진행 · 정부부처에 등록	· 로뚜뚜 지역 문화, 상황과 일반적인 협동조합 간의 개념차이 존재 가능함 · 기존 소그룹의 협동조합전환 동의여부 있어야 함 · 규정 수립, 조직 구성에 대한 소그룹 그룹원들의 합의에 바탕한 적극적이고 주도적 참여 필요함 · 정부 등록 과정의 어려움 존재 가능함
한국 YMCA 전국연맹 in 동티모르	· 주민설명회개최 · 심사위원회 구성 · 신청서 접수 및 심사 · 현장방문조사 및 인터뷰 · 대상자 가선정 · 소그룹 부족 부분에 대한 컨설팅 실시 (신청서 내용 보완, 조직 구성, 예산 수립 등) · 최종선정 · 모니터링/평가 실시	· 심사위원회의 구성 및 활동의 신뢰성이 있어야 함	· 건축자재 공급 · 가공장 장비 공급 · 운영 모니터링 · 파치먼트 수매 · 모니터링/평가실시 (평가는 다음해 4~5월 실시)	· 건축자재가 적시 공급 되어야 함 · 파치먼트 고정수매가격에 대한 주민들의 인정 및 호응 있어야 함 · 다국적 기업 진출에 대한 대응이 필요함	· 협동조합 설명회 개최 · 협동조합 구성단계에서 전문가 컨설팅 지원 · 법적 등록작업 지원 · 모니터링/평가 실시 · 교육 실시	· 협동조합에 대한 YMCA와 소그룹 구성원이 생각하는 모델이 다를 수 있음 · 많은 시간이 소요될 수 있음 · 소그룹구성원들이 피동적일 수 있음

2) 주민역량강화: 조직화 교육, 기술(생산, 운영) 교육

구성 / 행위자	조직화 교육		기술교육	
	내용/절차	가정/위험요소	내용	가정/위험요소
한국 YMCA 전국연맹 in 동티모르	· 교육강사가 교육목적, 교육대상수준 및 배경에 대한 이해해야 함 · 교육 전 사전 인터뷰 등 준비 · 협동, 신뢰 등 주민조직의 운영가치에 대한 교육 및 토론회 실시 · 지역공동체 발전 등에 협의 · 소그룹 내 역할 분담 등 조직적 작업에 대한 토론 및 협의 참여자들의 자발성에 관한 토론 · 운영장부 기재, 계약서체결 등 기본적인 관리교육실시 · 협동조합에 대한 기본이해 교육 실시 · 교육 후 소그룹별 컨설팅 및 이행정도 모니터링 평가 실시 · 기존교육 후속적인 특별교육(게임방식 등)실시 · 기관 내 교육 퍼실리테이터 양성 필요	· 교육내용의 수준과 방식이 주민들의 이해도 수준에 적합해야 함 · 교육내용이 소그룹에서 실질적으로 활용될 수준이어야 함 · 교육내용을 소그룹에서 활용할 수 있도록 후속조치가 있어야 함 · 상호협의가 아닌 YMCA가 생각하는 모델로의 강요 존재가능함 · 자발성 보다 판매처로서 보신주의로 인한 참여존재 가능함	· 재배 커피작물 품질개선 교육 · 재배 커피작물 생산성증대 교육 실시 · 파치먼트가공 품질 향상 교육 실시 · 파치먼트 생산성 증대 교육 실시 · 교육 후 소그룹별 컨설팅 및 이행정도 모니터링 및 평가실시	· 교육의 내용과 수준이 주민들의 이해도 적합해야 함 · 교육내용이 소그룹에서 실질적으로 활용될 수준이어야 함 · 교육내용을 소그룹에서 활용할 수 있도록 후속조치가 있어야 함
로뚜뚜 마을 생산자 소그룹 구성원	· 교육참여 · 교육 후 피드백 제시함 · 소그룹 활동에 적용	· 주민의 필요와 수준에 적합해야 함 · 주민이 이해할 수 있는 언어 및 방식으로 교육을 진행해야 함	· 교육참여 · 교육 후 피드백 제시함 · 소그룹 활동에 적용	· 주민의 필요와 수준에 적합해야 함 · 주민이 이해할 수 있는 언어 및 방식으로 교육을 진행해야 함

3) 사회적기업 : 그린빈 가공장, 공정무역, 카페 피스커피

구성 / 행위자	그린빈 가공장		공정무역		카페 피스커피	
	내용/절차	가정/위험요소	내용	가정/위험요소	내용	가정/위험요소
로뚜뚜 마을 소그룹 참여자	· 재정확보 · 부지확보 · 도로환경 · 시설, 장비구매 조사 · 지역환경조사 · 정부 허가 획득 · 가공장 건축 · 장비 세팅 · 운영안 작성 (인력, 가공물량 확보, 임가공가 능성파악, 비시 즌활용안, 공간 활용안, 작업일 정배분) · 직원 고용 및 교육 · 가공작업 실시 · 위탁가공기관확보 · 모니터링/평가실시	· 가공장에 대한 법적허가를 확보 해야 함 · 가공장이 정상가 동해야 함 · 로뚜뚜 소그룹으 로부터 파치먼트 가공물량 공급이 안정적이어야 함 · 로뚜뚜 외 타기관의 파치먼트 위탁가공 물량 확보가 가능해야 함	· 소비자, 생산자의 공정무역에 대한 인식제고 캠페인 · 가격정책 · 시장정책 · 책무성정책 · 정부 허가 획득 · 커피 수출물량 확보 · 수출 행정업무 진행 · 수출 물류업무 진행 · 모니터링/평가 실시	· 기업설립 허가받 아야 함 · 수출허가가 있어 야 함 · 커피가공물량과 수출물량의 조화가 있어야 함 · 한국으로부터의 수입물량 확보가 유지되어야 함	· 카페장소 확보 · 카페 시설, 장비 구비 · 카페종업원 고용 및 훈련 · 종업원에 대한 카페사업에 대한 의미제공 및 이해제고 · 카페시범운영 · 카페홍보 · 카페문화 형성 · 시민사회,사회적 자본형성 · 문화공간 활용문화 프로그램 구성 및 실행 (전시회, 콘서트, 토론회, 캠페인, 동아리활동 모임 유치) · 영업 · 모니터링/평가 실시	· 기계 유지보수에 대한 위험 · 카페이용에 대한 소비자의 수요가 존재해야 함 · 수요자에 대한 상품, 가격 마케팅이성공적이어야 함 · 카페운영에 대한 노우하우 있어야 함 · 문화공간 대여프로그램에 대한 수요가 있어야 함 · 초기 적자분에 대한 대책자금 있어야 함

4) 사회적기업 활동: 사회공헌 활동, 사회적약자 채용

구성 / 행위자	사회공헌 활동		사회적약자 채용	
	내용/절차	가정/위험요소	내용	가정/위험요소
한국 YMCA 전국연맹 in 동티모르	· 피스커피 사회공헌활동안 구성 · 피스커피 사회공헌위원회 구성 · 피스커피 사회공헌 대상분야, 대상자 선정 · 피스커피 순이익 5% 집행 · 평가 실시	· 대상분야와 대상자가 사회적으로 적절해야 함	· 피스커피 사회적약자 고용안 마련 · 그린빈공장, 카페티모르 피고용인의 25%를 사회적 약자로 고용함	· 제공된 일자리가 사회적약자가 감당할 수 있는 일이어야 함
로뚜뚜 마을 생산자 소그룹 구성원	· 사회공헌에 대한 이해 및 합의 · 수익금중 일부 적립 · 대상분야 및 대상자 선정 · 사회공헌활동 수행 · 평가실시	· 소그룹구성원들이 합의를 해야 함 · 대상분야와 대상자가 사회적으로 적절해야 함	· 소그룹가공장의 일용직 활동에 사회적약자들을 고용함	· 소그룹구성원들의 합의가 있어야 함

동티모르 자체사업평가 평가매트릭스

<table>
<tr><th>핵심 평가질문</th><th>세부 평가질문</th><th>지표 (Indicator)</th><th>기준치 (Baseline)</th><th>목표치 (Target)</th><th>실제 평가질문</th><th>대상(확인처)</th><th>평가자</th></tr>
<tr><td rowspan="7">1. 〈변화〉 이 사업은 수혜자의 의식, 행동, 지식 및 기술, 소득수준의 변화를 가져왔는가?</td><td rowspan="3">1-1. 소그룹 구성원의 의식의 변화가 있었는가?</td><td>소그룹 참여 이후 더 나은 삶에 대한 기대 증대 여부</td><td></td><td>기대증대</td><td>1-1-1. 소그룹에 참여한 이후 앞으로 더 나은(좋은) 삶을 살수 있다는 기대가 증대되었는가?</td><td rowspan="2">9개 소그룹 멤버 전원 (미완공 2개 소그룹 제외 여부 판단 필요)</td><td rowspan="7">양동화 김기연 정동주 서민정 김승창 중 담당자</td></tr>
<tr><td>협력의식의 증대</td><td></td><td>의식증대</td><td>1-1-2. 소그룹 커피가공 외의 다른 마을 일을 하게 될 경우 현재의 소그룹 멤버들과 같이 하겠는가?</td></tr>
<tr><td>소그룹회의 참여도 증대</td><td></td><td>소그룹 활동 참석일 90% 이상</td><td>1-1-3. 질문이 아니라 회의록 보고 확인</td><td>9개 소그룹 회의록 (미완공 2개 소그룹 제외 여부 판단 필요)</td></tr>
<tr><td>1-2. 소그룹 구성원의 행동에 변화가 있었는가?</td><td>마을공동의 일에 대한 참여도의 증대</td><td></td><td>참여도 증대</td><td>1-2-2. 소그룹에 참여한 이후 마을 공동의 일에 더 열심히, 많이 참석하게 되었는가?</td><td>9개 소그룹 멤버전원 (미완공 2개 소그룹 제외 여부 판단 필요)</td></tr>
<tr><td>1-3. 소그룹 구성원의 지식측면에 어떤 변화가 있었는가?</td><td>소그룹 운영 지식의 습득 내용</td><td></td><td>소그룹 운영지식 내용 다양화</td><td>1-3-1. 소그룹에 참여한 이후 소그룹 운영에 대해 새로 배운 것은 무엇인가?</td><td rowspan="3">피스커피의 소그룹별 장부 + 개인별 질문</td></tr>
<tr><td rowspan="2">1-4. 소그룹 구성원의 기술적 측면에 어떤 변화가 있었는가?</td><td>파치먼트 가공기술 습득 내용</td><td></td><td>습득기술 내용 다양화</td><td>1-4-1. 소그룹 참여이후 파치먼트 가공에 대해 새로 배운 기술은 무엇인가?</td></tr>
<tr><td>파치먼트 가공기술의 숙련도 증대</td><td></td><td>가공기술 숙련도 증대</td><td>1-4-2. 소그룹 참여 이후 개인적으로 일할 때보다 파치먼트 가공기술이 많이 증대되었는가?</td></tr>
</table>

핵심 평가질문	세부 평가질문	지표 (Indicator)	기준치 (Baseline)	목표치 (Target)	실제 평가질문	대상(확인처)	평가자
1. 〈변화〉 이 사업은 수혜자의 의식, 행동, 지식 및 기술, 소득수준의 변화를 가져 왔는가?	1-5. 소그룹 구성원의 소득수준에 변화가 있었는가?	소그룹 구성원 개인의 소득증대	참여전 개인별 소득	소득차이 존재	1-5-1. 소그룹 참여 이후의 (월별 혹은 연간)소득이 개인적으로 일할 때보다 늘었는가? (가능한 구체적인 액수파악 필요)	피스커피의 소그룹별 장부 + 개인별 질문	양동화 김기연 정동주 서민정 김승창 중 담당자
	1-6. 소그룹 참여 이후 개인의 생산량의 차이가 있는가?	소그룹 참여 전후 개인의 생산량 차이	참여전 개인 월 (혹은 연간) 생산량	차이 존재	1-6-1. 소그룹참여 이후의 (월별, 혹은 연간)파치먼트 생산량이 개인적으로 일할 때보다 얼마나 늘었는가? (가능한 구체적인 액수파악 필요)		
	1-7. 소그룹 간 생산량에 차이가 있는가?	소그룹 간 생산량 차이		차이 존재	1-7-1. 소그룹 월(혹은 연) 생산량은 얼마인가? (이 질문 결과는 9개 그룹 간 평균 생산량 비교에 활용)		
	1-8. 다른 마을에도 소그룹 방식을 추천하겠는가?	YES/NO		YES	1-8-1. 당신은 소그룹 방식으로 파치먼트를 가공하는 것을 다른 마을의 사람에게도 전하겠는가?	9개 소그룹 멤버전원 (미완공 2개 소그룹 제외 여부 판단 필요)	
	1-9. 향후 소그룹이 어떤 형태로 발전하면 좋겠는가?	소그룹 향후 발전 형태		- 소그룹 확장 - 로뚜뚜 YMCA - 협동조합 - 기타	1-9-1. 당신은 앞으로 로뚜뚜 마을에서 소그룹이 어떻게 발전하면 좋겠는가? (지금 방식 그대로, 로뚜뚜YMCA, 협동조합)		

핵심 평가질문	세부 평가질문	지표 (Indicator)	기준치 (Baseline)	목표치 (Target)	실제 평가질문	대상(확인처)	평가자
2. 〈기획〉 사업의 기획(PDM)에 따라 단기성과는 중기성과와 논리적으로 연계되었는가?	2-1. 사회적기업 피스커피는 일자리를 창출하였는가?	전체 고용규모	0명	25명	2-1-1. 피스커피 창립으로 직업을 얻은 이들은 몇 명인가?	피스커피 장부 양동화 간사	양동화 김기연 정동주 서민정 김승창 중 담당자
	2-2. 사회적기업 피스커피의 적절한 일자리를 창출하였는가?	퇴사률 (이직률), 고용형태, 계약형태		10% 이하	2-2-1. 피스커피의 퇴사율 또는 이직률은 어떠한가?		
					2-2-2. 피스커피에 고용된 사람들 중 정규직, 비정규직 비율은 어떠한가?		
					2-2-3. 피스커피에 고용된 사람들은 대한 정부가 법적으로 정한 수준의 최저임금, 보험, 연금, 퇴직금, 휴가 등의 혜택은 받는가?		
	2-3. 사회적기업 피스커피의 사회적 약자를 고용하였는가?	사회적 약자 고용규모	0%	25%	2-3-1. 피스커피는 사회적 약자를 몇 명이나 고용하였는가?		
	2-4. 사회적기업 피스커피 직원들의 소득 수준에 변화가 발생하였는가?	취업 이후 소득증대 규모	피스커피 입사 이전의 소득	20% 이상 증대	2-4-1. 피스커피 직원들은 취업이후 (월 혹은 연) 소득이 얼마나 증대하였는가? (피스커피 직원 개인별)	사회적기업 피스커피 직원 (수출업무 직원, 그린빈 가공장 직원 카페 피스커피 직원)	
	2-5. 사회적기업 피스커피 직원들의 가계 복지 지출에 변화가 발생하였는가?	교육비, 의료비 지출 금액	개인별 지출 규모	20% 이상 증대	2-5-1. 피스커피 직원들은 취업이후 가정지출에서 교육비 지출 비중이 늘었는가? 얼마나 늘었는가?		
					2-5-2. 피스커피 직원들은 취업이후 가정지출에서 의료비 지출 비중이 늘었는가? 얼마나 늘었는가?		

핵심 평가질문	세부 평가질문	지표 (Indicator)	기준치 (Baseline)	목표치 (Target)	실제 평가질문	대상(확인처)	평가자
2. 〈기획〉 사업의 기획(PDM)에 따라 단기성과는 중기성과와 논리적으로 연계되었는가?	2-6. 사회적기업 피스커피는 지역사회 공헌활동을 통해 사회적 경제 기반을 구축할 준비가 되었는가?	사회공헌 예산 배정, 적립준비, 사용처 결정 준비 여부		실질적인 준비진행	2-6-1. 피스커피는 사회공헌 예산배정 규모를 구체적으로 정하였는가?	피스커피 장부 양동화 간사	양동화 김기연 정동주 서민정 김승창 중 담당자
					2-6-2. 피스커피는 사회공헌 예산을 적립하고 있는가?		
					2-6-3. 피스커피는 사회공헌 예산 사용처 결정여부를 준비하고 있는가?		
	2-7. 사회적기업 피스커피 운영으로 인해 공정무역은 활성화되었는가?	피스커피 공정무역커피 수출 규모	30톤	30톤	2-7-1. 피스커피의 활동으로 공정무역 커피 수출규모가 증대하였는가?		
		그린빈 가공장 타 NGO 임가공 규모	0톤	20톤	2-7-2 그린빈 가공장에 타 NGO의 임가공 규모가 증대하였는가?		

핵심 평가질문	세부 평가질문	지표 (Indicator)	기준치 (Baseline)	목표치 (Target)	실제 평가질문	대상(확인처)	평가자
3.〈지속가능성〉 사회적기업 피스커피의 운영은 지속 가능한가?	3-1. 직원고용의 안정성은 있는가?	직원 감축 계획		없음	3-1-1. 직원 수를 감축할 계획이 있는가?	피스커피 장부 양동화 간사	양동화 김기연 정동주 서민정 김승창 중 담당자
		직원 비정규직 전환 계획		없음	3-1-2. 정규직 직원을 비정규직으로 전환할 계획이 있는가?		
	3-2. 재정적으로 적자인가?	최근 6개월간 재정 상태		흑자	3-2-1. 피스커피의 최근 6개월간 재정상태는 적자인가? 흑자인가?		
	3-3. 커피 수출판매처는 안정적으로 확보되어 있는가?	커피수입처의 수입계획 여부		수입처의 안정적 수입 계획 존재	3-3-1. 피스커피의 공정무역 커피를 수입하는 수입처는 커피구매를 향후 몇 년까지 할 계획인가? (다년 수입계약서나 MOU 등 공식문서 존재 여부)		
	3-4. 임가공 수요처는 안정적인가?	임가공업체의 계획여부		임가공업체의 중장기 임가공 계획 존재	3-4-1. 임가공을 하는 단체는 향후 몇 년까지 임가공을 할 계획인가? (다년 임가공 계약서나 MOU등 공식문서 존재 여부)		
	3-5. 카페 피스커피의 매출은 안정적인가?	6개월간 카페의 매출 변동 여부		지속적인 매출 신장세	3-5-1. 카페 피스커피의 지난 6개월간 매출 규모는 지속적으로 증대하는가?		
	3-6. 피스커피 직원들은 운영에 필요한 역량을 가지고 있는가?	경력, 자격증, 교육여부		있음	3-6-1. 피스커피의 직원들은 해당업무를 수행할 충분한 경력, 자격증을 가지고 있거나 교육을 받았는가?	카페 피스커피 직원 인터뷰	

핵심 평가질문	세부 평가질문	지표 (Indicator)	기준치 (Baseline)	목표치 (Target)	실제 평가질문	대상(확인처)	평가자
4. 〈파트너십〉 대학과의 협력은 사업에 차별화를 가져왔는가?	4-1. 사업의 기획이 향상되었는가?	기획의 체계성 (PDM, TOC, 성과관리프레임워크)	PDM, TOC, 평가프레임워크 구성 및 적용 없음	대학사업 참여 이후 개선	4-1-1. 사업기획은 체계적으로 되었는가? (PDM, TOC, 성과관리 프레임워크 활용여부 , 타당성조사 여부)	사업계획서	한재광
	4-2. 사업관리가 체계적으로 이루어졌는가?	격주간 모니터링 점검표의 활용도	없음	모니터링 활용	4-2-1. 사업 모니터링은 체계적으로 이루어졌는가?	모니터링 점검표	
	4-3. 사업의 성과 관리는 효과적으로 진행되었는가?	평가결과의 반영 정도		유무	4-3-1. 사업의 평가결과는 어떻게 얼마나 반영되는가?	양동화 간사 허그림	
	4-4. 대학과의 파트너십이 적절했는가?	사업 기획, 실행, 성과관리에서의 대학의 기여 여부	없음	대학의 전문성이 사업효과성 제고에 기여함	4-4-1. 대학과의 파트너십을 통해 얻은 이점은 무엇인가?	양동화 간사	

저자 소개

손혁상

경희대 공공대학원 교수와 국제개발협력연구센터장으로 재직하고 있다. 현재 한국국제개발협력학회장과 외교부, 한국국제협력단 정책자문위원으로 활동하고 있다. 최근 개발협력정책과 개발NGO 연구뿐 아니라 프로젝트 형성과 성과관리를 활발히 진행하고 있다. 주요 저역서로 『시민사회와 국제개발협력』, 『국제개발협력의 첫걸음』(공저), 『구성주의이론과 국제관계연구전략』(공역) 등이 있고, 「한국 개발NGO 역량분석을 위한 프레임워크 구성과 경험적 분석」, 「사회적 기업의 국제개발협력 참여 연구: 농업, 공정무역, 적정기술 사례분석」 등 다수의 논문을 발표하였다.

양동화

순천YMCA에서 유아, 어린이, 청소년 및 대안학교 교사로 일하다 2007년 동티모르 사업장에 파견되어 8년여 동안 활동했다. 지역 주민들과 함께 공정무역 마을을 만들고 정의로운 평화가 바탕이 되는 마을을 꿈꾸며 함께 성장하였다. 동티모르 주민과 현지 간사들의 가능성과 역량에 대한 믿음과 자신감을 바탕으로 2015년 2월 한국으로 귀국하여 현재 한국YMCA전국연맹 국제사업 팀장으로 활동하고 있다.

한재광

개발NGO인 지구촌나눔운동에서 8년간 실무자로 근무했고, 현재 국제개발 정책 애드보커시 CSO인 ODA Watch 사무총장으로 활동 중이다. 종교를 기반으로 하는 개발NGO를 주제로 한 논문을 써 경희대학교에서 국제개발협력학 박사학위를 취득했다. 현재 국제개발과 시민사회, 종교와 개발NGO, 국제개발협력 정책 및 평가, 성과관리와 관련한 연구 및 활동을 하고 있다.

동티모르 사회적기업 피스커피 이야기

한 잔의 커피, 한 잔의 평화

초판1쇄 인쇄 2015년 8월 10일
초판1쇄 발행 2015년 8월 20일

지은이 경희대학교 국제개발협력연구센터
펴낸이 조인원
펴낸곳 경희대학교 출판문화원

주소 서울시 동대문구 경희대로 26
전화 02-961-0106~8, 팩스 02-962-8840
설립 1960년 9월 16일 제5-8호
등록 1977년 11월 8일 제6-5호
홈페이지 www.khupress.com
전자우편 press@khu.ac.kr

ISBN 978-89-8222-539-0 03330